河北省社会科学基金项目

燕山—太行山集中连片地区精准扶贫研究系列丛书

擎起一方蓝天

燕山—太行山片区文化产业与精准扶贫融合发展策略研究

杜浩　宋伟龙　商建辉　著

河北大学出版社
·保定·

出 版 人：朱文富
责任编辑：刘 婷
装帧设计：王占梅
责任校对：陈浩苏
责任印制：闻 利

图书在版编目（CIP）数据

擎起一方蓝天：燕山—太行山片区文化产业与精准扶贫融合发展策略研究 / 杜浩，宋伟龙，商建辉著．--保定：河北大学出版社，2020.10
（燕山—太行山集中连片地区精准扶贫研究系列丛书 / 段洪波主编）
ISBN 978-7-5666-1651-7

Ⅰ．①擎… Ⅱ．①杜… ②宋… ③商… Ⅲ．①文化产业－产业发展－研究－中国②扶贫－研究－中国 Ⅳ．①G124 ②F126

中国版本图书馆 CIP 数据核字（2020）第 015973 号

出版发行：河北大学出版社
地址：河北省保定市七一东路 2666 号 邮编：071000
电话：0312-5073019 0312-5073029
邮箱：hbdxcbs818@163.com 网址：www.hbdxcbs.com
印 刷：保定市北方胶印有限公司
幅面尺寸：170 mm × 240 mm 1/16
印 张：11.5
字 数：170 千字
版 次：2020 年 10 月第 1 版
印 次：2020 年 10 月第 1 次印刷
书 号：ISBN 978-7-5666-1651-7
定 价：36.00 元

序　言

消除贫困、改善民生、实现共同富裕，是社会主义的本质要求，是我们党的重要使命。2005年8月17日，亚洲开发银行资助的一份调查报告首次提出“环京津贫困带”这一概念。2012年，由国务院扶贫开发领导小组办公室和国家发展和改革委员会牵头组织编制的《燕山—太行山片区区域发展与扶贫攻坚规划（2011—2020年）》获国务院正式批复。规划中区域与“环京津贫困带”基本吻合，标志着中央开始着手解决“环京津贫困带”的问题。2013年11月3日，习近平总书记在湘西考察调研扶贫工作时，明确提出扶贫工作“要科学规划、因地制宜、抓住重点，不断提高精准性、有效性和持续性”，还提出了“要精准扶贫，切忌喊口号，也不要定好高骛远的目标”。2015年，习近平总书记专门召开座谈会，就加大力度推进扶贫开发工作提出“四个切实”要求，特别强调要在精准扶贫、精准脱贫上下更大功夫。

改革开放以来，河北省实施大规模扶贫开发，在改善民生、逐步实现共同富裕进程中取得历史性成就。但河北省扶贫任务依然艰巨，尤其是燕山—太行山片区贫困人口贫困程度较深，脱贫难度较大。在机遇与挑战并存的形势下，河北大学“燕山—太行山片区乡村振兴与精准扶贫策略研究”课题组通过几年来对阜平县、青龙县、曲阳县等贫困地区的调研、规划和实践，牢牢把握“科学规划、因地制宜、抓住重点，不断提高精准性、有效性和持续性”的精髓，得出了系列文化产业与精准扶贫融合发展的策略和建议，希望能够全面助力河北省燕山—太行山片区的精准扶贫与乡村振兴工作，因地制宜促进区域文化产业发展。

全书共分上下两篇，其中上篇是对文化产业与精准扶贫融合发展所进行的理论探索；下篇是在理论探索基础上，结合河北大学“燕山—太行山片区乡村振兴与精准扶贫策略研究”课题组近年来在燕山—太行山片区所进行的实践探索，得出的文化产业与精准扶贫融合发展策略实证分析报告。

目　录

上篇　文化产业与精准扶贫融合发展理论探索

下篇　燕山—太行山片区文化产业与精准扶贫融合发展策略实证分析报告

上篇

文化产业与精准扶贫融合发展理论探索

第一章　燕山—太行山片区文化产业与精准扶贫融合发展的理论探索

第一节　文化产业与精准扶贫融合发展理论研究

一、文化产业相关概念

（一）文化产业及其分类

“文化产业”一词是由德国法兰克福学派的学者西奥多·阿多诺及马克斯·霍克海默等提出的，它首先出现于阿多诺的《启蒙辩证法》，在这部著作中“文化产业”被称为“Cultural Industry”，侧重的是大众文化产品生产的标准化、齐一化、程式化，属文化工业的概念范畴。该书指出，文化工业从上到下有意识地迎合消费者，因此提供的是消费者想要的、简单的、通俗的产品，并且论述了文化工业将利润追求强加在产品的精神价值之上，更多地是以批判的视角考察大众文化对社会和人的影响。

联合国教科文组织对文化产业的定义是：“文化产业就是按照工业标准，生产、再生产、储存以及分配文化产品和服务的一系列活动。这一定义只包括可以由工业化生产并符合四个特征（即系列化、标准化、生产过程分工精细化和消费的大众化）的产品（如书籍、报刊等印刷品和电子出版物有声制品、视听制品等）及其相关服务，而不包括舞台演出和造型艺术的生产与服务。”① 1986 年，联合国教科文组织为了收集各国的文化统计数据，率先制定了文化统计框架，并于 1993 年做了进一步修正，成为规范各国文化统计工作以及各国建立自己的文化产业体系的参考标准。这个框架把文化产业分类为：以艺术创造表达形式、遗产古迹为基础而引起的各种活动和产出，具体包括文化遗产、出版印刷业的著作文献、音乐、表演艺术、视觉艺术、音频媒体、视听媒体、社会文化活动、体育和游戏、环境和自然等十大类。②

大卫·赫斯蒙德夫的《文化产业》一书把文化产业划分为核心文化产业与周边文化产业。被赫斯蒙德夫列入核心文化产业的有广告与营销、广播、电影产业、网络产业、音乐产业、印刷与电子出版、视频与电脑游戏，被赫斯蒙德夫纳入周边文化产业的有剧院、运动、消费类电子产业/文化产业硬件、软件等产业。③

现今，越来越多的国家、地区开始重视发展文化产业并将其作为国家战略的重要组成部分，纷纷出台相关的优惠政策，加大扶持力度。2003 年 9 月，我国文化部制定下发的《关于支持和促进文化产业发展的若干意见》，将文化产业界定为：从事文化产品生产和提供文化服务的经营性行业。文化产业是与文化事业相对应的概念，两者都是社会主义文化建设的重要组成部分。文化产业是社会生产力发展的必然产物，是随着中国社会主义市场经济的逐步完善和现代生产方式的不断进步而发展起来的新兴产业。

2004 年，国家统计局制定发布的《文化及相关产业分类》中将文化产业的概念界定为：为社会公众提供文化、娱乐产品和服务的活动，以及与这些活动有关联的活动的集合。④

2012 年 7 月，国家统计局在《文化及相关产业分类》（2004）的基础上进

---

① 余源培. 邓小平理论辞典［M］. 上海：上海辞书出版社，2012：663.

② 佟贺丰. 英国文化创意产业发展概况及其启示［J］. 科技与管理，2005，29（01）：30-32.

③ 朱自强，张树武. 文化创意产业概念及形态辨析［J］. 东北师大学报（哲学社会科学版），2012（01）：120.

④ 袁帅. 文化创意产业的概念及内涵研究［D］. 沈阳：沈阳航空工业学院，2009：5.

行修订，颁布实施了《文化及相关产业分类》（2012），文件认为，文化及相关产业指为社会公众提供文化产品和文化相关产品的生产活动的集合。根据以上定义，文化产业的范围应该包括以文化为核心内容，为直接满足人们的精神需要而进行的创作、制造、传播、展示等文化产品（包括货物和服务）的生产活动；为实现文化产品生产所必需的辅助生产活动；作为文化产品实物载体或制作（使用、传播、展示）工具的文化用品的生产活动（包括制造和销售）；为实现文化产品生产所需专用设备的生产活动（包括制造和销售）。包括新闻出版发行服务、广播电视电影服务、文化艺术服务、文化信息传输服务、文化创意和设计服务、文化休闲娱乐服务、工艺美术品的生产、文化产品生产的辅助生产、文化用品的生产、文化专用设备的生产十个方面。

除去文化产业外，“创意产业”和“文化创意产业”这两个名词近年来也成为大众传媒上高频率出现的热词。在我国的北京、上海、杭州等地，创意产业或文化创意产业的提法直接进入了政府规划，成为重点发展的战略性产业。

英国在全球最早提出“创意产业”的概念，也是世界上第一个政策性推动创意产业发展的国家。1997 年，在时任首相布莱尔的提议及推动下英国创设了文化、媒体和体育部，内设创意产业工作组，大力推进创意产业发展。1998 年和 2001 年，英国文化、媒体和体育部两次发表《英国创意产业路径文件》，明确了创意产业的概念，即源自个体的创造力、技巧和才能，通过知识产权的开发和利用，具有创造财富和就业机会潜力的诸多活动。同时指出，创意产业主要包括十三个行业：广告、建筑、艺术与古玩、工艺、设计、时尚设计、电影、互动休闲软件、音乐、表演艺术、出版、软件设计、广播与电视，并提出了创意产业发展战略和政策措施。2005 年，文化、媒体和体育部发布《创意经济计划》，为创意产业发展建立了一个更好的政策框架。2006 年又公布了《英国创意产业竞争力报告》，将创意产业分类为三个产业集群：生产性行业、服务性行业、艺术品及相关技术行业。

文化创意产业是文化和创意的结合，是以创意为手段、以文化内容创作成果为核心价值的产业，一般认为其是文化产业发展到新阶段的产物，是文化产业与创意产业相结合的高附加值的产业，是相对传统的文化产业发展创新的更高形态，也是文化产业内调整升级和产业管理突破原有边界的必然结果。

（二）文化产业的主要特征

通过上面的定义和分类我们可以看出，与其他行业相比，文化产业具备了精神层面和经济层面的双层属性。

文化产业精神层面的属性，重要的表现便是它的文化性和创意性。20世纪90年代美国学者约瑟夫·奈在他的著作《软实力：世界政坛成功之道》的前言中提出“软实力”的概念，并将其定义为“是通过吸引、而非强迫或收买的方式来达到自己目的的能力。它源自一个国家的文化、政治观念和政策的吸引力”。他把国家的软实力归为三类主要资源：其一是能对其他国家产生吸引力的文化。其二是能真正实践的政治价值观。其三是能被视为具有合法性和道德威信的外交政策。可见，约瑟夫·奈的软实力理论的一个重要组成便是文化，文化软实力的说法也应运而生，具体表现为文化凝聚力、文化生产力、文化竞争力以及文化影响力等形式。当物质水平极大提高之后，人们在衣食住行等方面的产品越来越同质化之后，那么附着在产品上的文化内涵、价值观等便成为吸引消费者的重要因素，尤其是不同地区因为地理、历史等因素沉淀下来的文化底蕴和人文内涵，则更应成为发展文化产业的重要基础。

另一方面，文化产业的创意性也是其重要的属性。文化产业有时候也被称作文化创意产业，虽然在很多研究者看来文化创意产业只是文化产业范畴中的一种，但是从二者概念经常的混用也可以看出“创意”是文化产业非常重要的特质之一。“创意”需要打破常规，需要思维碰撞、智慧对接，需要更新颖和更具创造性的想法，这些内涵无不是文化产业持续发展的生命力所在。从文化产业垂直的供需链来看，无论是上游的文化产品、文化内容的生产和创新，中游的设计和制作，还是下游的营销服务，这其中的每一个环节都离不开创意。文化产业突出和强调个人的创造能力和设计理念，依赖于人类大脑的发散性思维和个人的创新能力。文化产业所着重的不只是自然资源、地理优势，更多的是人的思维、人的智慧、人的创造力、人的创新能力。① 文化产业需要文化传承、精神创造，还需要独具特色的创意和天才的艺术灵感。文化产业中的众多类别如广播、电视、动漫、游戏、音乐、广告设计、娱乐休闲服务等离不开创意，如美国的迪士尼公司在动画电影制作和生产上就十分注重创意，无论是卡通人物的形象设计还是情节的安排以及影片中包含的对美好情感的期许都蕴含着众多的创意。

文化产业在经济层面的属性，主要表现为产业性和需求的不确定性。文化产业属于第三产业，也是工业革命的产物，现代机器制造业是文化产业产生的基础和前提，现代科学技术又成为文化产业发展的一个关键因素，信息化和互联网的发展成为网络文化产业的基础。长期以来，文化产业在我国更多的是作为一种文化事业而存在，其经济价值没有得到更广泛体现，随着市场经济和经济体制改革的不断深入推进，文化产业的经济价值得到重视，阿多诺和霍克海默“文化工业”的提出使得人们更加重视其“产业”的属性。文化产业被视为一种产业，其必然离不开标准的产业化生产和各个产业、部门等的配合。文化产业很重要的一项内容是生产特定的文化产品，文化产品的生产需要大规模复制，既需要保证一定的产量又需要一定的生产效率，大规模的生产必然导致产业化。

在批量产业化生产的同时，文化产业一般集结了文化、创意、科技、信息等多种元素，在为人们提供基本的实用价值之外更为显著地是它的文化附加值，而文化附加值的体现受到当地文化资源、产业品牌以及公众文化素养等多种因素的影响。只有当一定的观念、价值以及品牌等被受众接受和认可，其相关的文化产品才可以被销售，但是这其中受众的需求具有很大的不确定性。另外，再加上科技日新月异的变化以及国外文化产业的竞争，发展文化产业的高风险性也是十分显著的。因此，文化产业的发展常常是通过产业集群的方式或者协同的模式来降低交易成本，提高效率，促进资源优化配置，

① 邹丹琦. 当代英国文化创意产业的发展（1990—2013）［D］. 湘潭：湖南科技大学，2015：10.

营造良好的外部环境和发展氛围，增强产业的综合竞争力。

总体而言，文化产业是一定空间地域内文化与经济长期交融、相互作用、相互影响的结果，是历史文化与现代经济共同运动的产物，既能体现一个区域的精神文明发展水平，也能反映一个区域的各种资源、要素的配置和分布情况，以及该地区的人们对于这些要素的利用和整合情况。资源和要素的不完全流动是人们选择一定的地理条件生存的客观原因，资源和要素的丰俭程度是人们选择生存空间的依据。因此，从人类运动的一般规律来说，人们总是自觉地向着资源和要素丰富的地区运动，并且随着资源和要素的丰俭程度的不断递减而递减。①

二、文化产业与精准扶贫融合发展理论依据

（一）文化扶贫的基本概念及意义

1. 贫困与文化贫困

世界银行在1981年发表的《世界发展报告》中指出："当某些人、某些家庭或某些群体没有足够的资源去获取他们那个社会公认的，一般都能享受到的饮食、生活条件、舒适和参加某些活动的机会，就是处于贫困状态。"在《1990年世界发展报告：贫困问题·社会发展指标》中，世界银行给出"贫困"的定义是："缺少达到最低生活水准的能力。"该报告还指出衡量生活水准不仅要考虑家庭的收入和人均支出，还要考虑那些属于生活福利的内容，如医疗卫生、预期寿命、5岁以下儿童死亡率及入学率等指标，作为以消费为基础对"贫困"进行衡量的补充。在国内，国家统计局农调总队在1989年将"贫困"定义为："个人或家庭依靠劳动所得和其他合法收入不能维持其基本的生存需求。贫困的标准是基于对维持个人或家庭的生存所必需的食物消费和收入水平确定的。"②

---

① 胡惠林. 关于区域文化产业战略与空间布局［J］. 山东社会科学，2006（02）：5-14.

② 《中国农村贫困标准》课题组，国家统计局农调总队. 中国农村贫困标准研究［J］. 统计研究，1990（06）：37-42.

从上述定义来看，虽然对贫困的解释主要是由经济的因素来界定，但除了经济或收入上的贫困之外，也绝对不能忽视文化、教育、卫生和生活水平等方面的贫困。其中，针对文化贫困的概念有狭义和广义之分。对文化的不同理解，决定了对文化贫困的界定。狭义上，文化贫困是指某一群体、家庭或个人在知识水平、教育程度、科学技术修养、思想道德素质、价值观念、主体性、心理素质、思维方式、行为趋势上落后于当代经济社会发展，从而影响到自身生存与发展的落后状态。广义上，文化贫困是指一些国家或地区文化滞后于时代发展并影响到其生存与发展的落后状态。它既包括教育、科学技术的落后，又包括价值观念、体制、发展战略、知识创新的落后等。判断文化贫困的具体指标包括：成人识字率、扫盲率、中学普及率、高教普及率、劳动力平均受教育程度等传统指标以及学习型组织普及率、功能性文盲率、研究与开发支出率、无形资产投资率、技术转让和许可率、继续教育培训率、知识创新率、技术知识成果转化率、文化产业发展率、国际文化市场占有率等现代评价标准①。

2. 精准扶贫的助力：文化扶贫

2015 年 11 月，习近平总书记在中央扶贫开发工作会议上强调，消除贫困、改善民生、逐步实现共同富裕，是社会主义的本质要求。简单来说，扶贫的目的就是通过一定的方式帮助贫困地区和贫困人口开发经济、发展生产，提高生活水平，从而摆脱贫困。而文化扶贫旨在从文化和精神层面给予贫困地区以扶持，通过提高人们的思想文化素质和科学技术水平，转变他们消极落后的传统文化观念，从而培养并提升他们发展经济的基础能力。文化扶贫作为开发式扶贫的重要方式之一，对贫困地区脱贫致富、加快社会主义现代化建设具有重要意义。

美国经济学家舒尔茨认为："影响人的贫困或富裕的决定性因素是人，是人的自身素质。"物质经济上的扶贫，虽然能起到"立竿见影"的效果，但难以解决长远性、根本性问题。古人云，"授人以鱼不如授人以渔"。推动扶贫

① 郭晓君. 文化贫困：内涵与界定［N］. 人民日报，2004-03-16.

工作，需要在思想认识上、教育培训上和文化建设上下功夫，才能从根本上拔掉“穷根子”。也就是说，扶贫不仅需要扶物质，更需要扶精神、扶智力、扶文化。

总的来说，贫困不仅仅是一种自然现象，也不单是一种经济问题，贫困地区贫困的原因不能简单归结为资源匮乏、信息闭塞、环境恶劣等与自然环境和自然生态有关的因素，还应涉及生产技能差、思想观念落后、文化素质低下等文化智力因素。因此，文化贫困在一定程度上影响着经济贫困。文化扶贫着力于提高贫困人口的文化知识水平，向他们输入新的知识、信息和价值观念，满足他们的精神生活需求；以文化为载体，从整体上提高贫困群体的素质和文化自觉意识，为贫困地区夯实经济建设和发展的基石，依靠贫困主体自身的力量消除贫困，进一步实现地区现代化建设、精神文明建设、和谐社会构建以及可持续发展的目标①。可见，扶贫先扶智、治贫先治愚是文化扶贫的重点。

（二）精准扶贫与文化精准扶贫

1. 精准扶贫

“精准扶贫”思想是习近平总书记于 2013 年 11 月到湖南湘西考察时首次提出的。2014 年 1 月，中办详细规制了精准扶贫工作模式的顶层设计，推动了精准扶贫思想落地。2014 年 3 月，习近平总书记参加两会代表团审议时强调，要实施精准扶贫，瞄准扶贫对象，进行重点施策，进一步阐释了精准扶贫理念。2014 年 5 月，国务院扶贫办颁布的《建立精准扶贫工作机制实施方案》，将精准扶贫作为中国扶贫系统的新工作机制和工作目标。《实施方案》中明确指出，通过对贫困户和贫困村精准识别、精准帮扶、精准管理和精准考核，引导各类扶贫资源优化配置，实现扶贫到村到户，逐步构建精准扶贫工作长效机制，为科学扶贫奠定坚实基础。2015 年 6 月，习近平总书记在贵州就加大推进扶贫开发工作又全面阐述了“精准扶贫”的概念，提出“六个

---

① 杨亚静. 新时期贫困地区脱贫致富的战略选择：文化扶贫［J］. 技术与创新管理，2013（03）：132-135.

精准”原则，即“扶贫对象精准、项目安排精准、资金使用精准、措施到户精准、因村派人精准、脱贫成效精准”，进一步丰富了“精准扶贫”的内涵，提高了操作性。2015 年 10 月，习近平总书记在“2015 减贫与发展”高层论坛上强调，中国扶贫攻坚工作实施精准扶贫方略，增加扶贫投入，出台优惠政策措施，坚持中国制度优势，注重六个精准，坚持分类施策，因人因地施策，因贫困原因施策，因贫困类型施策。通过扶持生产和就业发展一批，通过易地搬迁安置一批，通过生态保护脱贫一批，通过教育扶贫脱贫一批，通过低保政策兜底一批，广泛动员全社会力量参与扶贫。

应该说，精准扶贫的内涵及外延仍在不断深化和扩展。目前，社会普遍认同的精准扶贫定义是：针对不同贫困区域环境、不同贫困农户状况，运用科学有效程序对扶贫对象实施精确识别、精确帮扶、精确管理的治贫方式①。其中，精确识别是指利用统一的衡量标准，通过申请评议、公示公告、抽检核查、信息录入等步骤，将贫困地区和贫困人口有效识别出来并建档立卡。精确帮扶是指对识别出来的贫困地区和贫困人口，深入分析致贫原因，落实帮扶责任人，逐门逐户制订帮扶计划，集中力量予以扶持。精确管理是指对扶贫对象进行全方位、全过程的监测，建立全国扶贫信息网络系统，实时反映帮扶情况，实现扶贫对象的有进有出、动态管理，为扶贫开发工作提供决策支持；并且对贫困地区和贫困人口识别、帮扶、管理的成效以及对贫困县开展扶贫工作情况进行量化考核，奖优罚劣，保证各项扶贫政策落到实处②。

2. 文化精准扶贫

目前，尚无针对文化精准扶贫的权威、清晰界定。在此，我们尝试在“文化扶贫”“精准扶贫”等相关概念的基础上，将“文化精准扶贫”的定义提炼概括为：通过在文化设施建设、文化产品供给、公共文化服务、文化产业扶持、精神文明建设等方面，开展因需而异、因地制宜的精准扶贫活动，

① 王思铁. 精准扶贫：改“漫灌”为“滴灌”［J］. 四川党的建设（农村版），2014（04）：14-15.

② 国务院扶贫办. 关于印发《建立精准扶贫工作机制实施方案》的通知［R］. 2014-05-12.

从而有效提升贫困人口的文化素养和知识技能，逐步改善和推动贫困地区的经济、文化发展。

（1）文化精准扶贫的主要手段。

开展文化精准扶贫的主要方式或手段具体体现在以下几个方面：一是夯实文化基础设施和信息化基础设施建设，有效改善贫困地区的硬件环境。二是加大文化产品供给，向贫困地区输送各类优质的文化资源和文化项目。三是深化公共文化服务体系建设，提升贫困地区公共文化服务效能。四是扶持文化产业发展，帮助贫困地区开发地方文化资源，创新发展本地文化产业。五是推进精神文明建设，坚持以人为本，向贫困人口传播现代文化思想理念和先进的文化价值观念。

（2）文化精准扶贫的原则。

文化精准扶贫必须始终贯彻“精准化”的扶贫原则，致力于在贫困地区开展因需而异、因地制宜的文化扶贫活动。“精准化”主要体现在两个方面：一是精确定位贫困对象和贫困区域，精确掌握当地文化建设的现状、人口文化教育水平及实际文化需求，明确不同地区和人群间的文化差异，找准导致地区贫困的涉及文化领域的相关问题和症结。二是对贫困地区实施精准的文化扶贫措施，坚持“因户制策、对症下药”的原则，制订个性化、差异化的文化帮扶计划，集中力量提供有针对性并能切实满足当地文化需要的优质文化基础设施、资源、产品及服务。

（3）文化精准扶贫的目标。

实现贫困地区和贫困人口长期脱贫，加快社会主义现代化建设、精神文明建设、和谐社会构建及未来可持续发展，是我国开展扶贫工作的最终目的。人的自我发展能力是夯实贫困地区经济建设与发展的基础和前提。因此，不断培育和提高贫困人口的文化素养、信息素养、数字素养、技术素养以及法律意识、市场意识、创新意识，彻底改变导致其贫困的落后传统文化观念，满足其精神生活需求，从整体上提高贫困主体的文化自觉意识和自我发展能力，依靠贫困人口自身的力量，从根本上消除地区贫困，是开展文化精准扶贫工作的首要目标。另外，立足贫困地区的特色文化背景和资源禀赋，形成特色鲜明、优势突出、带动力强、极具影响力的文化品牌或独特产品，打造特色文化产业链，从而提升当地文化吸引力和文化附加值，促进地区经济发展，提高人民生活品质，是实现脱贫致富的另一重要目标。

（三）区域文化产业与精准扶贫融合发展相关理论支撑

1. 协同论

（1）协同学。

哈肯在《协同学：大自然构成的奥秘》中阐释："协同学"源于希腊文，意味"协调合作之学"。协同学是一门交叉学科。它研究系统中子系统之间怎样合作以产生宏观的空间结构、时间结构或功能结构，它既处理确定过程也处理随机过程，是一种从整体性入手的研究理论，认为整体大于部分之和。书中很少探讨个别的规则，而是旨在发现结构赖以形成的普遍规律。协同学认为尽管大自然展示的结构千差万别，但还是有一些基本的规律，来说明结构是如何形成的，并且可以探讨这些组件如何协作。

哈肯比喻单个组元好像由一只无形的手促成一样自行安排起来，但相反也正是这些组元通过它们的协作才转而创建出这只无形的手。哈肯称这只使一切事物有条不紊地组织起来的无形之手为序参量。序参量由单个部分的协作而产生，反过来序参量又支配各部分的行为。在这个意义上，可以把协同学看成是一门在普遍规律支配下的有序的、自组织的集体行为的科学。协同学所指出的"有意义的信息"，总的场景是由序参量提供的。每当系统的宏观行为改变时，序参量变得十分重要，而且一般来说这些序参量是长期量，它们支配着短期量。①

（2）无序与有序。

按照维纳控制论的观点，任何系统（包括物理、生物和社会系统）都是按照一定的秩序运行的，但由于系统内部以及环境中存在着许多偶然的和随机的偏离因素，因此，任何系统都具有从有序向无序、从确定状态向不确定

---

① 赫尔曼·哈肯. 协同学：大自然构成的奥秘［M］. 凌复华，译. 上海：上海世纪出版集团，2001：7.

状态变化的倾向。哈肯认为，无序是各种东西没有摆在它们应有的位置上，正因为各种东西所在位置有很多的可能性，因此就造成了无序的状态。但是无序增长的趋势是可以加以一定限制的。如较高温度导致分子较剧烈地热运动，从而造成较大的无序，那么从系统中消除热能就可以建立相对有序的状态。在这个过程中，从无序到有序只是分子之间相对位置的不同。

（3）序参量。

根据协同学观点，系统从无序向有序发展的过程，是协同过程中形成的序参量对系统的有序发展发挥主要作用。序参量的出现或形成，是系统相变前后所发生的质的飞跃的最突出的标志。序参量来源于要素之间的协同合作，是所有要素对协同运动贡献的总和，它既反映要素介入协同运动的程度，又支配着要素的行为，描述着相变过程中系统的有序程度；要素之间的协同，促使了序参量的出现或形成。

序参量原是用来判断一个新结构中有序结构的类型及其有序程度的概念工具。在协同学里，哈肯将它作为处理自组织问题的判断根据。序参量是表示系统有序结构类型和有序程度的宏观参量，是子系统进入开放系统中其协同程度的集中体现。序参量的大小体现了系统整体的有序运动程度，描述了系统所处何种模式、模式存在哪些变化及在活动过程中是何种有序状态等。①

序参量之间的协同合作使系统的有序结构得以确立（各个序参量协同合作共同决定系统的宏观结构）。系统在临界点处，有的时候不是存在一个序参量，而是几个序参量同时存在；每个序参量都孕育着特定的一个微观组态，每一个微观组态又都对应着一定的宏观结构；每个序参量都试图独立主宰系统，都试图把自己的微观组态发展成系统的宏观结构，但是由于各个序参量在系统中所处的地位和所起的作用差不多，几个序参量处于势均力敌的状态；这种情况使得各个序参量之间自动地形成妥协，合作起来协同一致地控制整个系统，这时，系统的宏观结构是由几个序参量协同合作来决定的（共同来

① 赫尔曼·哈肯．协同学［M］．徐锡申，译．北京：北京原子能出版社，1984：287-288．

决定的)。[①]

(4) 协同效应。

20 世纪 70 年代，赫尔曼提出了协同效应的概念，即在一个整体环境下，各个系统间存在着互相影响的合作关系，他们借助系统外部的力量或自发对系统内部的能量进行协调与创造，最终实现各个子系统间的有序互动的效应。[②] 简单地说，就是“1＋1＞2”的效应，整体大于部分之和。协同效应分外部和内部两种情况，以企业为例，外部协同是指一个集群中的企业由于相互协作共享业务行为和特定资源，即一个单独运作的企业将取得更高的赢利能力；内部协同则指企业生产、营销、管理的不同环节和不同阶段，不同方面共同利用同一资源而产生的整体效应。

安德鲁·坎贝尔等在《战略协同》一书中说：“通俗地讲，协同就是‘搭便车’。当公司一个部分中积累的资源可以被同时且无成本地应用于公司的其他部分的时候，协同效应就发生了。”他还从资源形态和资产特性的角度区别了协同效应与互补效应，即“互补效应主要是通过对可见资源的使用来实现的，而协同效应则主要是通过对隐性资产的使用来实现的”。

蒂姆·欣德尔概括了坎贝尔等人关于企业协同的实现方式，指出企业可以通过共享技能、共享有形资源、协调的战略、垂直整合、与供应商的谈判和联合力量等方式实现协同。

2. 系统论

“系统”一词，来源于古希腊语，是由部分构成整体的意思。通常把系统定义为：由若干要素以一定结构形式联结构成的具有某种功能的有机整体。在这个定义中包括了系统、要素、结构、功能四个概念，表明了要素与要素、要素与系统、系统与环境三方面的关系。

系统论产生于 20 世纪 20～30 年代。1928 年和 1932 年，贝塔朗菲在《关

① 王力年. 区域经济系统协同发展理论研究 [D]. 长春：东北师范大学，2012：28.

② 赫尔曼·哈肯. 协同学：大自然构成的奥秘 [M]. 凌复华，译. 上海：上海世纪出版集团，2001：122-134.

于形态形成的批判理论》和《理论生物学》中，突破传统生物学理论和方法的机械论模式，提出了“机体系统论”。1937 年，他在芝加哥哲学讨论会上提出了“一般系统论”的概念。1945 年，他在《德国哲学周刊》上发表了《关于一般系统论》文章，阐述了一般系统论的基本思想。1968 年，他发表了《一般系统论的基础、发展和应用》文章，确立了系统论的学术地位，并把系统论从生命系统扩展到心理、社会和文化领域。1972 年，在《一般系统论的历史和现状》一文中，贝塔朗菲又提出系统论是一种新的科学规范，其内容包括研究系统的科学和数学系统理论；系统技术，包括系统工程；系统哲学，研究系统的本体论、认识论等。20 世纪 80 年代，中国科学家钱学森提出，系统论是系统科学和哲学之间的中介理论。它的基础科学是系统学，其技术科学是运筹学、控制论、信息论、大系统理论等，其应用科学是系统工程。①

（1）系统论的核心思想。

贝塔朗菲强调，任何系统都是一个有机的整体，它不是各个部分的机械组合或简单相加，系统的整体功能是各要素在孤立状态下所没有的性质。他用亚里士多德的“整体大于部分之和”的名言来说明系统的整体性，反对那种认为要素性能好，整体性能一定好，以局部说明整体的机械论观点。同时他认为，系统中各要素不是孤立地存在着，每个要素在系统中都处于一定的位置上，起着特定的作用。要素之间相互关联，构成一个不可分割的整体。要素是整体中的要素，如果将要素从系统整体中割离出来，它将失去要素的作用。

（2）系统论的基本思想方法。

系统方法是运用系统论原理考察系统整体与部分、系统与环境、结构与功能等相互联系和相互作用的关系，以揭示其本质与规律的方法。系统方法在一般系统论基础上产生，首先在自然科学、工程技术和经营管理中应用，然后扩展到社会科学等领域，成为适用于一切领域的科学方法系统论的基本

---

① 贝塔朗菲. 一般系统论：基础、发展和应用［M］. 林康义，魏宏森，译. 北京：清华大学出版社，1987：177-195.

思想方法。[①] 系统方法就是把所研究和处理的对象当作一个系统，分析系统的结构和功能，研究系统、要素、环境三者的相互关系和变动的规律性，并优化系统。

3. 控制论

控制论是关于系统内秩序维持的一般法则的科学。控制论的创始人维纳在 1948 年出版的《控制论：或关于在动物和机器中控制和通信的科学》一书中第一次提出“控制论”这一概念后，控制论成为 20 世纪重要的新兴学科。维纳把控制论看作是研究动态系统在变化的环境条件下如何保持平衡状态或稳定状态的科学。维纳所创建的控制论对 20 世纪后半叶的科学研究产生了巨大的影响。现代控制论已经形成了四大领域，即工程控制论、生物控制论、智能控制论和社会控制论。

按照维纳的观点，任何系统（包括物理、生物和社会系统）都是按照一定的秩序运行的，但由于系统内部以及环境中存在着许多偶然的和随机的偏离因素，因此任何系统都具有从有序向无序、从确定状态向不确定状态变化的倾向。为了保持系统的正常运行和系统目标的实现，就需要对系统进行控制。

那么，如何才能实现这种控制呢？维纳认为，一个重要的方法就是信息反馈。换句话说就是，系统输出物反映了系统的秩序状态和功能执行的结果，把输出物的全部或一部分作为反馈信息回送到系统中，并对系统的运行进行再调整，就可以起到修正偏差的作用。在这里我们可以看到，信息在控制论中也是一个核心概念。这也决定了反馈机制是作为一个前提包含在维纳的信息概念当中的。[②]

（1）最优控制理论。

最优控制理论是现代控制论的核心。在现代社会发展、科学技术日益进步的情况下，各种控制系统的复杂化与大型化已越来越明显。不仅系统技术、

---

① 唐钰成. 经济和谐发展的系统论 [J]. 系统科学学报. 2009，17 (01)：87-89.

② 郭庆光. 传播学教程 [M]. 2 版. 北京：中国人民大学出版社，2011：251.

工具和手段更加科学化、现代化，而且各类控制系统的应用技术要求也越来越高。这就促使控制论进入多输入和多输出系统控制的现代化阶段，由此产生了最优控制理论。这一理论是通过数学方法，科学、有效地解决大系统的设计和控制问题，强调采用动态的控制方式和方法，以满足各种多输入和多输出系统的控制要求，实现系统最优化。最优控制理论主要是在工程控制系统、社会控制系统等领域得到广泛的应用和发展。

（2）自适应、自学习和自组织系统理论。

自适应控制系统能根据外界条件的变化，自动调整其自身的结构或行为参数，以保持系统原有的功能，如自寻最优点的极值控制系统、条件反馈性的简单波动自适应系统等。随着信息科学和现代计算技术的发展，自适应系统理论得到进一步完善和深化，并逐步形成一种专门的工程控制理论。自学习系统就是系统具有能够按照自己运行过程中的经验来改进控制算法的能力，它是自适应系统的一个延伸和发展。自组织系统理论的研究在20世纪60年代就已经成为控制论的重要领域。从控制论观点来看，系统不仅能被组织，而且还是能够自组织的。对自组织系统的新模型的探索和研究，将给组织系统的控制，人工组织系统、组织与有机体系统的控制，带来很大的影响和变革。①

（四）区域文化产业与精准扶贫融合发展的基本原则

1. 整体性

整体性是区域文化产业与精准扶贫融合发展的首要前提，只有将各个融合发展要素连接起来视为一个整体，才能实现“1＋1＞2”的效应。根据协同理论，区域文化产业与精准扶贫融合发展需要各个子系统从自有的优势条件出发寻找各种可能性，并且找到相对有序的结构，借此实现整体效应。“协同”可以使得系统内的各子系统由无序的状态向有序的状态更快地转化，协同发展能够减少各子系统之间的摩擦，改变单打独斗的局面，从而产生系统整体大于部分的效应。

---

① 杨学津，孙一. 管理系统工程教程［M］. 济南：山东大学出版社，2003：155.

2. 保持开放

保持开放是区域文化产业与精准扶贫融合发展的又一前提。协同理论的自组织原理表明，任何系统都不能缺少与外界环境的交流，尤其是资本、技术、人力等关键资源的交流。因此，各子区域只有具备相互开放性，才能使区域产业的发展达到“协同”，[①] 另外，在各个子区域内部的各项文化产业的发展也具有高度的开放性，不同文化企业的交流和连接、不同文化项目的合作与共建等都可以通过发达的技术手段、信息渠道等使得子区域内部的子系统相互开放。开放能够不断促进资源的优化配置，及时了解系统内外部的各项情况，当危机发生时能够迅速地应变。

3. 远离平衡态

区域文化产业是一个远离平衡态的系统，远离平衡态也是文化产业与精准扶贫融合发展的前提之一。支配原理的核心思想是认为系统内部的各种子系统、参量或因素对系统的影响是有差异的、不平衡的。一方面，系统内部子区域不同的文化资源禀赋、不同的区位条件、不同的技术手段等造成了区域文化产业的不平衡性。另一方面，在同一区域不同的发展阶段，文化产业的发展也是不平衡的，文化产业的发展受制于人才、技术、资金等多种因素的影响，这些要素在不同的发展阶段所达到的发展水平也是不相同的。因此，文化产业这一系统的发展始终会处在一种动态的发展过程中，而不是达到绝对的平衡，它只能在这种远离平衡态的状态中寻找相对稳定的结构。也正是由于系统的非平衡态将给系统的发展带来更多的可能性和不确定性，不同子区域的协同发展才显得更为必要。因此，在区域文化产业与精准扶贫融合发展过程中，不仅要加强大区域的组织协调机制建设，还要充分发挥子区域的比较优势，双管齐下，促进区域文化产业与精准扶贫融合发展的高效协同。

---

① 穆一戈. 长三角战略性新兴产业协同发展模式与机制研究［D］. 上海：上海工程技术大学，2015：20.

第二节 燕山—太行山片区文化产业与精准扶贫融合发展的动力机制及路径探索

一、燕山—太行山片区文化产业与精准扶贫融合发展的动力机制

（一）政府引导

公共管理学认为，在一个国家的公共管理过程中，由于市场失灵、政府失灵和志愿失灵的存在，仅依靠市场、仅依靠政府或仅依靠社会都是不可取的。市场、政府、社会这三大主体应当协同发展，找到一个最佳的平衡点。其中政府应当协调好与市场和社会的关系，既不能缺位，也不能越位。① 政府既是社会管理者，保障产业的发展在一个有序、稳定的环境下进行，制定各项产业发展政策和文化制度，提供各种公共服务，保护各项资源，促进产业的发展；政府还是调节者，通过经济的、法律的、行政的等各种手段对产业的发展进行调节，合理配置各项资源。以英国政府发展文化产业为例，英国前首相、铁娘子撒切尔夫人曾经说："英国可以没有首相，但绝不能没有创意设计。"从这句话可以看出，英国政府对文化创意产业的重视程度。英国文化产业发展的突出特点就是政府多方位的支持与管理。在英国政府决定突出发展文化产业时，它首先做的事情是成立专门机构并出台专门的文件，与此同时为中小企业和个人发展、参与文化创意产业拓展融资渠道，还发展伦敦等核心战略城市带动区域经济的发展，对外加强国际交流与合作。②

中国本身特殊的国情，使政府的宏观调控和引导成为重要的一环。尤其是文化产业这种涉及国民精神文化生活、意识形态等方面的领域，政府的把控尤为重要。区域文化产业与精准扶贫融合发展需要政府来处理各种错综复

---

① 高金. 京津冀协同发展中政府职能评价研究［D］. 秦皇岛：燕山大学，2015：15.

② 邹丹琦. 当代英国文化创意产业的发展（1990—2013）［D］. 湘潭：湖南科技大学，2015：26.

杂的关系，以提供较好的环境，引导其有序发展。因此，在区域文化产业与精准扶贫融合发展过程中，政府的引导成为首要的动力机制。

（二）科技创新

科学技术是第一生产力，人类社会的每一次变革都离不开技术的推动，区域文化产业与精准扶贫融合发展更离不开科学技术。文化产业发展之初，文化工业的提出也是源于工业革命的发展使得文化产品大批量地被复制和标准化生产。技术和创新不仅能够提高生产效率，更能改变文化产业的呈现方式、传播方式、接受方式等。技术与创新是文化产业不断前进和发展的原动力和生命力。传统文化产业需要依靠技术和创新不断推陈出新，改变现有的存在状态，互联网技术、数字技术、多媒体技术、虚拟现实技术、人工智能等高新技术的应用使得文化产业达到新的高度，全球化使得我们可以借鉴世界上任何地方的先进技术和手段来为文化产业服务。

区域文化产业与精准扶贫融合发展离不开创新，而创新又与教育等密切相关。人才是其中的关键要素，思想的碰撞、智慧的火花会给文化产业带来不一样的生命力。在燕山—太行山区域文化产业与精准扶贫融合发展的过程中要重视人才要素的重要作用。要有效利用毗邻的京津冀区域的优质文化资源和文化产业人才资源，开展创新驱动。创新驱动就是明确区域内不同主体的科技创新优先领域，整合区域创新资源，形成区域创新公共体，从而实现区域内创新的合理分工和有序协作，形成区域创新发展格局，完善区域创新体系建设。①

（三）共同文化

文化这个词的一种用法是指“使一种特定的生活方式显得与众不同的符号的创造与使用，无论这种生活方式是属于一个民族的，还是一个时期的，或者是一个群体的，或者是普遍意义上的人类的”。可以看出，文化很重要的一个特征就是某一特定的群体作为一个整体所拥有的思维方式、价值模式等，并且这是人类长期生活和实践积累下来并不断演化的。燕山—太行山区域地

---

① 王雪莹. 基于协同理论的京津冀协同发展机制研究［D］. 北京：首都经济贸易大学，2016：54.

缘接近，属于共同的文化圈，正因为拥有共同的文化，其协同发展的障碍就可以降到最低，共同的文化也是区域文化产业协同发展的永久推动力。

燕山—太行山区域是中国文化资源丰富、文化底蕴深厚、文化特色鲜明、文化发展最具活力的重要地区之一，是中国先进文化重要的示范引领区域。实现燕山—太行山区域文化产业与精准扶贫融合发展，不仅要有发达的经济支撑，更要有繁荣的文化引领。要深入挖掘燕山—太行山区域丰厚的历史文化资源，传承区域共有的文化基因，引领统一的文化品牌的形成，打造丰富多元又各具特色的具有燕山—太行山区域气派的，既与传统不可分割、又闪耀鲜明时代精神的燕山—太行山区域特有的地域文化，为燕山—太行山区域文化产业与精准扶贫融合发展提供强大精神动力和文化支撑。

同时，以上这些主要的动力还要协同驱动，在不同的协同发展阶段可能某一种动力会占上风。在初级阶段，政府的先导作用会凸显出来。到高级阶段，科技创新的作用将成为更加关键的驱动力。文化的驱动作用也不言而喻，是区域文化产业发展的一个隐性动力，提供稳定的文化支持和精神动力。长远来说，唯有多种动力共同驱动才能形成完备且有序运行的动力机制，才能使得燕山—太行山区域文化产业与精准扶贫融合发展路径更加清晰，更好地实现既有目标。同时，还要注意到在处理多种动力协同驱动时，要协调好各种错综复杂的利益关系，把握各个利益主体的需求和可能采取的行动，找到各个利益主体需求的交集，将摩擦和风险降到最低。

二、燕山—太行山片区文化产业与精准扶贫融合发展的路径探索

（一）政策依据

在全面建成小康社会的攻坚阶段，最艰巨、最繁重的任务是农村贫困地区的扶贫开发以及2020年实现全部脱贫。为此，习近平总书记提出了一系列关于精准扶贫的新观点、新要求、新举措、新机制，成为我国扶贫开发新阶段的重要指导思想，反映了党对自身历史使命的自觉认识和对人民负责的担当精神，是对社会主义生产力发展与追求共同富裕互为动力的社会主义制度优越性的规律把握。通过精准扶贫实现建成全面小康社会与共同富裕，是解

决新时代我国社会主要矛盾的重要途径，开启了中国特色社会主义现代化建设的新征程、新境界。同时，精准扶贫取得的显著成效，为国际减贫事业的发展提供了中国方案与中国智慧，从而使中国的精准扶贫产生了世界意义。

贫困问题是人类社会产生以来一直面临的重大问题。正如习近平总书记所说，“不了解农民尤其是贫困农民，就不会真正了解中国，就不能真正懂得中国，更不可能治理好中国”①，因此，“反贫困是古今中外治国理政的一件大事”②。中华人民共和国成立以来，中国共产党与人民政府就始终把促进发展、消除贫困作为治国理政的重要战略任务。党的十八大以来，我国进入全面建成小康社会的攻坚阶段。为了提高扶贫开发工作的有效性与针对性，确保贫困人口如期脱贫，2013 年 11 月，习近平在湖南考察时首次提出要“精准扶贫”③。

习近平精准扶贫思想中的“六个精准”要求，不仅成为指导中国农村扶贫的基本方针，而且成为扶贫实践的主要抓手④；习近平精准扶贫思想推进了我国扶贫工作的转型升级⑤，是对过去 30 多年扶贫经验的总结与提升，是马克思主义扶贫理论在当代的新发展⑥，是当前和今后相当长时期我国扶贫工作的指导思想⑦，对打赢扶贫脱贫攻坚战具有重大的理论意义和深远的现实意义⑧。

习近平指出，要针对农村贫困地区的致贫因素，因地制宜采用多种方式精准扶贫，主要包括生态扶贫、产业扶贫、教育扶贫、医疗扶贫、旅游扶贫、电商扶贫、行业扶贫、社会扶贫、金融扶贫以及对口扶贫等多种形式，使贫困地区人民群众在多个层面多个维度上切切实实地享受到党和政府的扶贫攻

---

① 中共中央党史和文献研究院. 习近平扶贫论述摘编 [M]. 北京：中央文献出版社，2018.

② 中共中央党史和文献研究院. 习近平扶贫论述摘编 [M]. 北京：中央文献出版社，2018.

③ 深化改革开放推进创新驱动实现全年经济社会发展目标 [N]. 人民日报，2013-11-06 (01).

④ 汪三贵，刘未. “六个精准”是精准扶贫的本质要求：习近平精准扶贫系列论述探析 [J]. 毛泽东邓小平理论研究，2016 (01)：40-43.

⑤ 洪名勇，洪霓. 论习近平的精准扶贫思想 [J]. 河北经贸大学学报. 2016 (06)：1-5.

⑥ 易棉阳. 论习近平的精准扶贫战略思想 [J]. 贵州社会科学. 2016 (05)：139-144.

⑦ 公丕宏，公丕明. 习近平总书记精准扶贫思想论纲 [J]. 佳木斯大学社会科学学报. 2017 (02)：26-28.

⑧ 谢撼澜，谢卓芝. 习近平减贫思想研究 [J]. 探索. 2016 (02)：11-16.

坚政策实惠，改善在生产关系结构上的弱势地位及其决定的贫困生产生活方式，从而走向共同富裕。正是在习近平精准扶贫思想的指导下，党和政府始终将贫困地区的生产力发展与共同富裕作为农村贫困地区扶贫开发与促进我国区域协调发展的基本理念和价值目标。

文化作为一种软实力，是我国农村贫困治理的重要组成部分，是传统扶贫方式的强化与升级。十九大报告指出，“坚持大扶贫格局，注重扶贫同扶志、扶智相结合”。习近平指出：“文化是一个国家、一个民族的灵魂。文化兴国运兴，文化强民族强。没有高度的文化自信，没有文化的繁荣兴盛，就没有中华民族伟大复兴。”文化扶贫是指在文化和精神层面上给予贫困地区以多种形式的支持，从而提高当地人民文化素质，使其尽快摆脱贫困①。文化扶贫有助于增强民族凝聚力，树立公民的文化自信心，激发贫困地区群众干事创业的热情和勇气。深植于人民灵魂深处的文化自信对于弘扬社会正义、塑造社会风气、增强群众爱岗敬业精神等方面大有裨益。

文化扶贫即着重于对贫困地区的文化进行改造，加快贫困居民固有习惯、风俗、心态及价值理念的解构与重构，加大对特色文化产业的扶持，是从根本上实现精准扶贫工作从治标向治本转变②。一方面，文化扶贫强化中国传统文化产业的继承与创新。2017 年颁布的《关于实施中华优秀传统文化传承发展工程的意见》提出要“积极参与文化资源的开发、保护与利用，生产丰富多样、社会价值和市场价值相统一、人民喜闻乐见的优质文化产品，扩大中高端文化产品和服务的供给”③。中国传统文化是民族文化的精髓，大力开发利用传统文化，既可以使群众增收致富，又可以使优秀的传统文化得到弘扬和传承。另一方面，文化扶贫大力发展新型文化产业，积极推进文化＋网络、文化＋旅游等新兴文化产业业态发展，实现文化产业与相关产业的深度融合，使文化产业真正融入人民日常的经济生活和社会生活之中。

---

① 童彤. 文化扶贫与物质扶贫并行不悖 [N]. 中国经济时报，2017-06-14.

② 邓子纲. 文化扶贫是精准扶贫的必要路径 [N]. 湖南日报，2016-09-01.

③ 中共中央办公厅，国务院办公厅. 中华人民共和国国务院公报 [R]. 2017-02-28.

（二）路径探讨

一个地区的贫困，不单是经济问题，追根溯源也有着极深的文化根源。区域经济状况与居民科学文化素质、价值观念、生活方式和思想程度紧密相关。因此，改造贫困地区的文化，改变贫困地区居民固有的价值理念和发展理念，对具有特色的文化产业进行扶持和开发，走文化扶贫之路，开展精准扶贫工作，是促进贫困地区经济发展的必要路径。

河北省贫困县大多位于燕山—太行山片区。燕山浅山区植被茂密，自然景观条件相对较好，适宜在生态保护基础上进行休闲特色旅游开发，促进文化产业与旅游产业的深度融合，基于地域特色，发展创意农业。基于此，我们结合燕山—太行山地区的区域特征和自然资源情况，对促进其文化产业与精准扶贫融合发展的模式做出如下探讨。

1. 区域文化产业与旅游产业融合发展模式

（1）延伸性融合模式。

延伸性融合模式是指存在功能互补的旅游产业与文化产业之间，通过延伸的方式实现产业之间的融合。延伸后的产业不仅具有新的附加功能，还具有更强的市场竞争力。依据这一模式的作用机理，燕山—太行山片区精准扶贫发展策略应着眼于文化产业与旅游产业功能所能覆盖的范畴，开展两大产业之间相关部门的积极协作，以此拓展文化产业与旅游产业融合发展的深度和广度，不断提升两者之间的市场供给水平。如“魅力湘西”属于文化产业示范基地旅游功能的延伸，贺龙故居属于红色文化旅游功能的延伸，凤凰古城属于古城文化旅游功能的延伸，这些延伸性融合不仅极大地丰富了上述产业的内涵与效用，同时极大地满足了游客的精神需求，也提升了两者之间的市场供给能力①。

（2）产业重组型模式。

产业重组型模式是指具有密切联系的文化产业与旅游产业之间，在利益

---

① 江振娜，谢志忠. 基于农村民俗文化的创意旅游发展模式研究［J］. 中南林业科技大学学报（社会科学版），2012（02）：22-26.

的刺激下，使得原来各自独立的产品和服务，通过产业价值链的重组而形成的融合①。一般而言，该模式有两种具体的方式：一是两大产业内容上的重组融合，二是两大产业在商业上的重组融合。燕山—太行山区域拥有优质丰富的自然景观资源。2010年起，本课题组以易县狼牙山的绿色生态优势为依托，为传统红色旅游区加入了“绿色生态”的新概念，为易县狼牙山策划了为期一个月的“狼牙山·山花节”活动，同时结合一系列原生态主题活动，有效促进狼牙山地区村民的旅游收入增长。基于这一融合模式的作用机理，我们认为，应深入挖掘燕山—太行山片区内民族文化和地域文化内涵，保护和传承非物质文化遗产，增强该地旅游的文化底蕴。应积极开展生态旅游、文化旅游及文化主题活动等，推动片区文化产业与旅游产业又好又快发展。

（3）一体化模式。

一体化模式是指文化产业与旅游产业相互渗透融合以形成新的产业形态的发展模式。根据渗透的方向性，可以分为文化产业向旅游产业渗透和旅游产业向文化产业渗透两种形式。前者又可分为两种具体方式：一是以知名的旅游景区或景点为依托，通过现代数字技术，将文化元素有意识地渗透到传统的旅游产品之中，从而达到两者的融合状态。典型代表产品有“张家界金钻动漫游艺城”的动漫乐园、以森林文化为主题的“张家界森林公园虚拟游”。二是从产业内容进行切入，在技术创新的驱动下，凭借展示载体和传播渠道，以此来实现文化产业与旅游产业渠道和内容的融合，从而推动燕山—太行山片区两大产业融合发展。后者主要是指在旅游产业占主导地位的前提下，旅游产业向文化产业逐步主动渗透和融合，并赋予文化产业生产基地和文化产业园以旅游功能，并以此为载体发展旅游业，从而促进片区两大产业融合发展。燕山—太行山片区具有得天独厚的优势，包括多种多样的艺术品和工艺品资源，还拥有优质丰富的自然景观资源。如相对成熟的阜平天生桥瀑布景区和自然条件优越但尚未开发的青龙满族自治县干沟乡东沟村的杏花谷、曲阳县西沙湾王快水库等山水资源，都为区域文化和旅游产业融合发展

① 魏红妮．产业融合理论下的旅游文化产业业态模式研究［D］．西安：西安外国语大学，2013.

提供了重要载体和可能性。

2. 区域文化产业与文化融合模式

（1）空间延伸型融合模式。

传统古村落拥有优越的创意产业开发环境，燕山—太行山片区的古村落数量多、分布广，具有浓厚的历史文化传统，蕴含了大量社会发展信息，具有较高的经济价值、教育价值和研究价值。在燕山—太行山片区古村落和庄园中发展文化创意需要依托人居生态环境，扩展文化空间，将创意产业置放在村落整体空间背景之中，打造动态的生态型博物馆，为参观者提供更为广阔的历史文化情境，使之散发出民俗文化之魅力。①

（2）资源重组型融合模式。

这一模式主要是将原有创意产业的价值链解散，保留原有产业价值链的核心增值环节，融入其他文化资源，再重新整合为一条新的价值链，构筑出新型融合型产业，推进创意产业的升级换代。比如，河北省涉县地区关于民间信仰文化中的人类始祖女娲的祭祀庆典活动——涉县女娲祭祀典，可以使游客参与其中，走进村民的精神世界，体验当地的生活习俗和文化传统，使游客从创意的旁观者转变为体验者。

（3）环境渗透型融合模式。

这一模式重点在于赋予原有的文化物种生命力和发展动力有层次的互动过程，从文化生态的整体保护视角出发，使人居环境与创意环境彼此渗透、和谐共存。例如，桂林市著名的文化创意产业品牌“印象·刘三姐”即是如此。它把“甲天下”的桂林漓江山水和关于“刘三姐”的民间文化进行巧妙嫁接和有机融合，让自然风光与人文精神交相辉映。

3. 区域文化与创意农业融合模式

（1）区位开发模式。

区位开发模式的特点是创意农业的发展依托于该区域靠近景区或者城市的区位条件，利用这些景区或者城市的固有特征及条件来为创意农业的发展

① 单霁翔. 论生态博物馆的原生态环境保护［J］. 中国名城，2011（04）：4-11.

提供内外部条件。该模式主要可分为两种类型。一种是景区边缘型，如承德枫水湾国际森林温泉城。另一种是近郊型休闲农业，从观光转向集康体运动、生态游憩、亲子教育、养生养老和文化体验等多方面于一体，促进近郊型农业观光品牌开发、设施升级以及旅游产品、生态景观建设等升级。除以上两种类型外，还可以发展创意农业主题公园和博物馆等公益模式。

（2）特色产品开发模式。

创意农业可依托区域特色推出项目产品。以青龙满族自治县干沟乡东沟村为例，发展特色驴产业不仅能够提升资源利用效率发展传统畜牧产业，同时还能融合第一、第二、第三产业协同发展。

4. 电商扶贫模式

电商扶贫是以电子商务为手段，拉动网络创业和网络消费，推动贫困地区特色产品销售的一种信息化扶贫模式。阿里研究院发布的《电商赋能　弱鸟高飞——电商消贫报告（2015）》也提出了电商消贫的定义，即通过建设和安装新型基础设施，培育和培养电商生态和电商意识，建立本地化的电子商务服务体系，从而促进贫困人群利用互联网技术及手段开展创新与创业，提高信息化服务水平，最终改变贫困人群的生产和生活方式，实现扶贫消贫。

具体来说：一是通过教育培训、资源投入、市场对接、政策支持、提供服务等方式直接帮扶贫困家庭，帮助贫困户直接以电子商务交易实现增收，如帮助贫困户在电子商务交易平台上开办网店达到减贫脱贫效果。二是通过当地从事电子商务经营的龙头企业、网商经纪人、大户、专业协会与地方电商交易平台等，构建起面向电子商务的产业链，帮助和吸引贫困户参与进来，实现完全或不完全就业，从而达到减贫脱贫效果。三是通过电子商务规模化发展，在一定地域内形成良性的市场生态，使当地原有的贫困户即便没有直接或间接参与电子商务产业链，也可以从中分享发展成果①。

---

① 解梅娟. 电商扶贫：“互联网＋”时代扶贫模式的新探索［J］. 长春市委党校校报，2016（02）：12-15.

下篇

燕山—太行山片区文化产业与精准扶贫融合发展策略实证分析报告

第二章　燕山—太行山片区文化产业与精准扶贫融合发展策略之一：开掘自然资源，发展旅游产业

第一节　旅游产业与精准扶贫融合发展的理论探索

贫困是人类发展至今仍需解决的一个世界性难题，世界反贫困任务依然任重而道远。伴随世界旅游业的快速发展，旅游在带动地区经济发展及贫困人口脱贫方面的作用日益凸显，发展旅游产业已成为世界反贫困的重要形式之一。为进一步深挖旅游在反贫困中的潜力，近几十年来国内外业界和学界一直致力于探索旅游与反贫困有效结合的途径。

一、旅游产业的概念及发展现状

旅游产业具有三大动力效应：直接消费动力效应、产业发展动力效应、城镇化动力效应。旅游产业的发展会为特定地区带来价值提升效应、品牌效应、生态效应、幸福价值效应。

旅游业综合性强、关联度高、拉动作用突出。旅游消费不仅能直接拉动民航、铁路、公路、商业、食宿等传统产业，也对国际金融、仓储物流、信息咨询、文化创意、影视娱乐、会展博览等新型现代服务业发挥着重要促进作用。

2018 年 2 月 6 日，国家旅游数据中心发布的数据显示，2017 年国内旅游人数达 50.01 亿人次，同比增长 12.8%；出入境旅游总人数 2.7 亿人次，同比增长 3.7%；全年实现旅游总收入 5.4 万亿元，同比增长 15.1%。初步测算，全年全国旅游业对 GDP（国内生产总值）的综合贡献为 9.13 万亿元，占 GDP 总量的 11.04%。旅游直接就业 2 825 万人，旅游直接和间接促进就业 7 990万人，占全国就业总人口的 10.28%。文化和旅游部官网发布的《2018 年上半年旅游经济主要数据报告》，对国内旅游抽样调查的结果显示，2018 年上半年国内旅游人数 28.26 亿人次，较上年同期增长 11.4%。国内旅游收入 2.45 万亿元，较上年同期增长 12.5%。同时，根据《2018 年国务院政府工作报告》显示，过去五年，我国文化产业年均增速超过 13%，几乎是 GDP 年均增速的 2 倍。在国家统计局 2018 年公布的统计数据中显示，据对全国规模以上文化及相关产业 5.9 万家企业调查，2018 年上半年，上述企业实现营业收入42 227亿元，较上年同期增长 9.9%，继续保持较快增长。这些意味着，相较于其他产业，旅游和文化产业已经成为新的经济增长引擎。对于旅游行业来说，随着文化在经济、社会发展中的作用越来越突出，推动文化与旅游的融合，是产业发展的必然趋势。①

二、自然资源开掘与文化产业发展及精准扶贫融合发展的政策依据

党的十八大以来，以习近平总书记为核心的党中央高度重视扶贫工作，将扶贫开发摆到治国理政的重要位置，提出精准扶贫、精准脱贫理念，并将其作为目前脱贫攻坚关键时期的基本战略。由“大水漫灌”到“精准滴灌”的扶贫方式的转变要求各地在脱贫开发过程中要遵循“实事求是、因地制宜、分类指导、精准扶贫”的十六字方针，不断探索和创新扶贫方式，找到适合区域发展的科学路径。

① 侯爽，刘爱利，黄鸿. 中国文化旅游产业的发展趋势探讨［J］. 首都师范大学学报（自然科学版），2019，40（04），58-66.

《国务院关于加快发展旅游业的意见》对旅游业提出了全新的定位，指出把旅游业培育成国民经济的战略性支柱产业和人民群众更加满意的现代服务业的宏伟目标，并就新时期旅游业发展进行了全面部署，明确了具体的发展目标。

燕山—太行山集中连片特困地区涉及河北省 3 市 22 个贫困县，是河北省精准脱贫重点区域。河北省于 2017 年 5 月制定并发布的《河北省“十三五”扶贫攻坚规划》中明确要求“十三五”期间，河北省要以“六个精准”“五个一批”为主线，以燕山—太行山、黑龙港集中连片特困地区为主战场，以张承坝上和深山区 10 个深度贫困县为重点，以促进贫困群众稳定增收为核心，不断创新体制机制，激发贫困地区和贫困人口的内在发展活力，采取超常脱贫举措，加快解决贫困地区发展瓶颈问题，打赢脱贫攻坚战。

第二节　狼牙山风景区规划案例实证分析

狼牙山属于太行山脉的一个分支。太行山绵延千里，像一条青色的巨龙，盘踞在河南、山西、河北三省辽阔的大地上。自古以来这条山脉形势险峻，历来被视为兵要之地，从春秋战国直到明清，两千多年间烽火不息。太行山蜿蜒腾展于华北大地之上，留下了八百里胜地和五千年文明。八百里太行纵贯河北，是河北省重要的自然地标，是燕赵文化重要的发祥地，同时也孕育出了独特的太行山文化。

河北易县狼牙山中凯集团与河北大学文化创意产业研究中心通过进行校企对接，共同开拓创新发展模式，打造生态文化旅游产业，引爆传播高潮，使狼牙山风景区游客数量成倍增长，知名度大幅提高，直接带动狼牙山地区经济发展。如今，围绕狼牙山风景区的生态文化旅游核心，区内农民融入旅游区服务产业链条，收入大幅增加；农业产业结构优化，红色老区在新时代焕发出勃勃生机。狼牙山模式为社会主义新农村建设提供了现实可靠的发展路径，具有现实的参考意义。

一、狼牙山风景区发展背景分析

狼牙山风景区在河北省旅游市场具有相当的影响力，对京津的旅游市场产生了较强的辐射效应，同时狼牙山又属于太行山范畴，其山峰、沟谷将太行山的雄浑大气、巍峨不屈之精神体现得淋漓尽致。无论从自然风光还是文化价值的角度来看，狼牙山都具有开发价值。狼牙山景区在 2008 年被国家认定为国家 4A 级风景区。它不仅是爱国主义教育基地，还是国家森林公园。

（一）狼牙山风景区区位分析

狼牙山风景区位于河北省易县境内，处于太行山与燕山交接地带，近临京津保区域。易县距北京 90 公里、天津 160 公里、石家庄 170 公里、雄安新区 50 公里，总面积2 534平方公里，人口 60 万。易县古称易州，历史悠久，文化底蕴深厚。早在公元前就有易氏部落的易阳国定居在易水流域。公元前 311 年，燕国在境内建立下都为都城。隋开皇元年（581 年）设州，十六年（596 年）置县，迄今已有1 400多年历史，是名副其实的千年古县。

易县狼牙山的独特区位优势：狼牙山风景区距离京津冀的直线距离较近，属于京津冀旅游文化圈内；狼牙山所处易县地区，旅游资源丰厚，可进行景区联动，组合黄金线路；狼牙山与易县境内各大旅游景点车程方便，容易形成景区集群。

（二）狼牙山风景区区域旅游市场分析

1. 成熟市场——北京市场

北京是北方地区最为成熟的旅游城市，同时也是最大的旅游输出城市。现在已经形成了以北京为中心，以三小时车程为半径的北京旅游圈。狼牙山风景区正处于北京三小时旅游圈之内，吸引北京游客到狼牙山风景区是景区开拓北方市场的要务。

北京市场具有极大的象征意义，占领北京旅游市场可以提高景区的号召力。北京市场有大量的白领阶层消费者，此阶层的人群为旅游市场的繁荣提供了动力。此外，北京的旅行社发展成熟，并且北京旅行社的推荐路线会对其他地区的旅行社线路产生较大的带动及影响。

2. 目标市场——天津市场

天津是我国四个直辖市之一，是我国北方的经济中心，是国际港口城市、生态城市。随着京津冀地区铁路、公路交通的不断完善，旅游时间成本大大降低，天津市场充满无限的机会和可能，发展潜力巨大。因此，针对天津经济发展迅速、易县狼牙山距天津交通便利、天津为临海城市山区游市场意向明确的特点，将天津作为目标市场的发展前景极为广阔。

3. 潜在市场——石家庄市场

狼牙山景区交通运输十分方便，铁路、公路齐备，京源铁路从北部穿过，高易铁路与京广铁路相连；公路四通八达，京广西线、津同、易保、易定、良川等主要干线交汇于易县县城。石家庄作为河北省的省会，各级各类单位聚集，并且每年承办大量全国性的大小会议，客流量大，再加上交通便利，非常适宜作为狼牙山景区的潜在市场。

（三）狼牙山风景区 SWOT 分析

1. 狼牙山风景区的优势（S）

（1）爱国主义教育基地＋国家 4A 级景区。

狼牙山风景区是省级爱国主义教育基地，同时也是国家 4A 级景区。省级爱国主义教育基地的身份对于狼牙山景区来说非常重要，狼牙山接待的团队游当中有相当部分是冲着“爱国主义教育基地”来的，此类团队游大部分是由单位组织而来，而国家 4A 级景区对于一般游客和自助游客有非常大的吸引力。这两项荣誉对于狼牙山景区来说都是吸引游客的有力保障。

（2）文化优势。

红色文化：狼牙山是我国著名的红色旅游胜地，因“狼牙山五勇士”的事迹而闻名。面对日本侵略者的步步紧逼，五勇士不屈不挠，向敌人扔下最后一颗手榴弹后，挺身跳下悬崖。五勇士这种不畏牺牲、英勇就义的精神一直鼓舞着世人，也逐渐形成狼牙山景区的红色文化。

太行文化：太行文化既是地域文化，又是时代文化，是长期战乱的历史条件下产生的，有着深厚的底蕴，是太行山区大多数人民祖祖辈辈所信奉的生活、行动的最高指导原则。太行文化的基本精神是刚健忠义、自强不息，可概括为："天行健，君子以自强不息"，"地势坤，君子以厚德载物"。

太行文化虽属地域文化，但不同于一般区域性文化，它以其特殊的地理环境、历史地位、人文精神，在中华传统文化中居于纽带地位，是由乱到治的集大成文化。

而狼牙山本身属于太行山脉，能够突出体现太行文化核心：人和文化。"人和文化"本质的特征是兼容性。狼牙山之所以表现出强大的生命力，其中一个重要原因就是它继承和发扬了太行文化中的优秀部分，并且不断吸纳其他外来文化，将外来先进文化与本身固有传统进行融合。

山村文化：淳朴无华、静谧温暖的乡村情调。

（3）原生态优势。

狼牙山风景区植被茂盛，生态环境原始、无污染，这些构成了狼牙山风景区的原生态优势。

（4）资源整合条件成熟。

狼牙山风景区纳入中凯集团统一管理后，景区内的各种旅游资源可以形成合力将狼牙山风景区打造成"红色＋绿色＋彩色"的旅游胜地。

（5）基础设施初具规模。

狼牙山风景区目前的游客接待设施基本完善，同时在狼牙山风景区的带动下，景区周边形成了颇具规模的山区农家乐市场，具有极强的游客接待能力。

（6）景区建设取得政府支持。

狼牙山风景区的发展离不开政府的大力支持，包括当地镇政府、保定市政府、河北省政府。没有政府的支持，狼牙山风景区也不会发展到现在如此大的规模。能够取得政府对景区的支持，本身就是狼牙山风景区的政策优势。

2. 狼牙山风景区的劣势（W）

（1）红色景区趋于同质化。

红色旅游景区之间的风格差异较小，任何一个爱国主义教育基地都可以完成"爱国主义教育"的"任务"，这就使得一部分游客和"教育团队游"产生了"红色景区都一个样"的刻板印象，进而产生了"游一当十"的心理，影响了红色旅游市场的良性发展。

狼牙山风景区的红色旅游品牌营销已持续多年，但在保定地区还存在另外6处红色旅游景点，全省共有国家级爱国主义教育基地15处，全国共有国家级爱国主义教育基地353处。狼牙山风景区没有开发新的景点，吸引力较低，文化氛围烘托不足，在故事的包装上还不到位，种种因素使得狼牙山风景区无法从众多的红色旅游景点当中脱颖而出。

(2) 红色旅游市场波动幅度较大。

红色旅游具有季节性，并带有明显的政治色彩，整体上呈现波浪式发展态势，其高潮主要集中在纪念日前后和黄金周期间，客流量具有不确定性，并且游客停留的时间较短。

(3) 红色资源整合力度不够。

狼牙山风景区未能很好地与当地自然资源、风土人情相结合，这削弱了其经济利用价值。

(4) 资源开发单一，缺乏新意。

狼牙山到目前为止还停留在待开发的状态，产品开发程度过于单一，并且是粗放型的经营，缺乏系统化的管理措施，产业化水平较低。另外，在经营上仅以简单的参观为主，缺乏对景区文化的理解。

(5) 基础配套服务相对落后。

狼牙山风景区周边的经济欠发达，产业结构单一、资金短缺等问题一直是当地发展的阻力，致使景区在面对突如其来的红色旅游热潮时，在吃、住、行、娱、购、游等方面的综合配套服务设施落后的问题就会凸显出来。

3. 狼牙山风景区的机会（O）

(1) 深度挖掘景区潜力。

狼牙山号称5坨36峰，险峻雄奇、风光秀丽，漫山苍松翠柏，四季景色各异，素有“北方小黄山”之称。同时，山上拥有大小景点50余处，重要景点28处。另外，狼牙山的文化底蕴丰厚，无论是自然资源还是文化资源，都具有很大的发展潜力。

(2) 打造精品线路。

以狼牙山风景区为核心，联合周边著名景区、景点组成精品红色生态旅游线路。如以狼牙山为中心的狼牙山—龙潭峡谷—清西陵旅游线路，此线路有“北方小黄山——狼牙山”的壮美、险峻，又有“北方小桂林——龙潭峡谷风景区”的温柔、瑰丽，还有清代皇陵的神秘历史。

（3）充分发挥自身文化魅力。

狼牙山是太行山的重要组成部分，也是太行山脉之中具有独特自然风貌与文化的历史名山，在景区规划中要充分利用当地的各种资源来发挥狼牙山本身的文化魅力。

（4）借势太行文化。

太行山虽然绵延400多公里，但是真正将太行文化包装为旅游景点的景区屈指可数。目前，河北省邢台市已经开始以太行文化为概念发展旅游业。狼牙山需抓住机遇乘势追赶，用太行文化来包装、宣传、提升自身景区内涵，在未来华北旅游市场的竞争中占据领先优势。

（5）发展网络营销。

21世纪是网络的世纪，当今时代是网络的时代。网络的作用不可忽视，必须充分发挥网络的作用将狼牙山风景区的品牌宣传出去，同时利用网络组织广大旅友来狼牙山进行自助游。另外，还可以进行在线营销等网站经营。

4. 狼牙山风景区的威胁（T）

（1）同城红色景区的威胁。

保定现有6处省级以上爱国主义教育基地，并且以此为支撑已经形成了多条红色旅游线路。这些景区是狼牙山景区的竞争者，它们会分散一部分客流，降低狼牙山的吸引力，减少狼牙山风景区的收入。

（2）保定其他景区的威胁。

保定拥有众多的景区，有国家5A级景区、世界地质公园、国家重点风景名胜区、国家地质公园、国家森林公园等，这些景区也对狼牙山风景区造成了一定的威胁。

（3）自身的威胁。

狼牙山景区其自身无论是内部管理、服务设施、服务质量还是员工素质，都还存在一定的问题，还有很大的上升空间。

总之，通过对狼牙山风景区的全面审视和分析，我们发现其诸多优势：区位优势、自然优势、人文优势，尤其是文化优势。虽然狼牙山旅游风景区还存在着一些不足，但是通过太行文化的整体包装＋红色圣地的名号＋风景区的整合规划＋多彩的大型主题旅游活动拉动＋正确的营销策略等综合规划后，狼牙山风景区定会具有广阔的市场发展前景和深厚的发展底蕴。

二、狼牙山风景区发展战略总体规划思路

红色＋绿色＋彩色：在继续保持狼牙山风景区红色爱国主义教育基地的优势基础上，让更多的游客了解其优美的自然风光和丰富的动植物资源，同时开展一系列丰富多彩的文化活动，体现出太行文化的精神，打造出属于狼牙山特色的“生态游＋文化游”的新型发展道路，以提高游客的参与度和互动性为目的，从而带动产出实效性的经济效益。

三、狼牙山风景区发展整体规划建议

（一）进一步挖掘红色资源

1. 塑造中华英雄第一山

狼牙山，以八路军五勇士浴血抗击日寇舍身跳崖而闻名于世，展示了太行人英勇不屈的抗战精神，展现出大无畏的英雄主义情结。景区可借此精神将狼牙山打造成中华英雄第一山。

2. 举办红色经典电影节

在狼牙山脚下举办红色经典电影节，使红色旅游胜地和红色经典电影交相辉映，必将谱写出一曲影视与旅游胜地共同发展的新篇章。

3. 打造红色英雄道

将狼牙山大莲花峰登山主道命名为红色英雄道，对道路进行整体包装，强化红色味道。

4. 举办红色忆苦思甜节

现代社会经济发展迅速，人们生活水平日益提高，对旅游也提出了越来越高的要求，狼牙山怀旧风格的忆苦思甜节迎合了现代出行者的要求，将旅

游、怀旧、缅怀先烈、忆苦思甜、农家乐等项目综合到一条旅游线路里面。

（二）以太行文化为主体打造太行文化“聚焦点”

太行山是我国东部地区一条重要山脉和地理分界线。她所孕育的太行精神，是中华民族精神的重要组成部分。八百里太行纵贯河北，是河北省重要的自然地标，是燕赵文化重要的发祥地，同时也孕育出独特的太行文化。

太行文化的基本精神是刚健忠义、自强不息。狼牙山属于太行山脉，集成了太行文化中的诸多优点。因此，狼牙山主峰要以太行文化、英雄主义为主要包装文化基调，同时也要维护红色旅游的原有景点和文化氛围。

1. 故事性包装

将大莲花峰进行全面文化故事和传奇故事包装，争取让山上的每个景点都有出处、每块石头都有传说，增加游客在登山途中的时间消耗，同时在游客必经之地设置旅游小项目。

对大莲花峰的自然石雕进行全面包装。比如，半山腰的石雕像极了进山采药的老农，但是也像极了背着炸药包抗战的战士，抑或是背着军粮支持抗战的后方部队，可以据此编纂故事进行演绎。

2. 营造景区氛围

将景区内的各种凉亭（如命名为“司号亭”，以纪念战死的司号员）、道路（如命名为“七连路”，纪念一分区七连）、房屋（如命名为“一分区七连连部”）乃至树木（如命名为“消息树”）进行整体命名（即考虑景区整体氛围），让景区内的各个景点都要为景区服务。

3. 凸显太行文化“亮点”，制造轰动效应

巍巍太行八百里，高耸入云狼牙山。狼牙山作为太行山脉中的“北方小黄山”，有其独特的自然风景和文化特质。狼牙山不仅继承了太行山的“威武雄浑”，而且也表现出独特的“奇险陡绝”与“原生态”。为此，我们可为狼牙山风景区量身打造三个景区的亮点主题活动，造就太行文化和狼牙山风景区的轰动效应。

（1）远山的呼唤——中华首届原生态歌手大奖赛。

狼牙山风景区具有原生态的纯美自然景观，具有古朴天然的民间文化，

举办“远山的呼唤——中华首届原生态歌手大奖赛”可以吸引游客。将原生态歌手大奖赛的首届举办地的标签贴在狼牙山上，有利于加强景区的信息传播和新闻报道力度，扩大景区的知名度，提升景区的文化品位，增加景区的景点和旅游资源。

(2) 人生如棋——真人棋艺大赛主题活动。

狼牙山风景区拥有棋盘陀的自然景观，同时拥有烂柯的神话传说，这两者为“人生如棋——真人棋艺大赛”提供了现实依据和理论依据。通过大赛，可将狼牙山风景区的文化品位提升一个档次。

“人生如棋——真人棋艺大赛”将棋盘陀的古棋盘放大，由工作人员扮“棋子”进行对弈，同时作为“棋子”的工作人员会进行舞蹈表演和动作展示，以此产生强烈的视觉冲击，同时制造新闻事件的轰动效应，从而达到事件营销的效果。

(3) 太行雄风——首届太行鼓王大会主题活动。

中国传统的鼓多源于中原，秦汉前已有20余种，虽大小高矮不同，但几乎都是粗腰筒状。当时已用于诗、乐、舞以及劳动、祭祀、战争和庆典之中。从秦、汉到清代，中原地区原有的各种传统鼓几乎都得以保留并有所发展。

首届太行鼓王大会为狼牙山创造了新景点，大会结束后，可据此大会建造相关景观建筑，留下长久景点以供游客游览。并且，太行鼓王大会具有一定的新闻性，具有传播价值，在新闻媒体的宣传下，狼牙山会成为短时期内的新闻热点。

4. 设计巧妙的营销策略

设计狼牙山风景区的营销策略：紧紧围绕太行文化＋景观整合＋营销技巧＋真诚合作。

太行文化：狼牙山风景区在强化红色旅游胜地定位，以打造“红色圣山”为目标的同时，还要重视太行文化包装的重要性。整个狼牙山风景区只有用文化进行包装之后才具有持久的生命力，才会对游客产生强大的吸引力。

景观整合：狼牙山风景区内有大量可供开掘的景观资源，要将未开发之资源进行深度开发合并，进行文化的全面包装。

营销技巧：旅游景区的营销需要讲究营销技巧，营销技巧的优劣甚至可以决定整个景区的市场成败。狼牙山风景区发展过程中，需要与专业的营销机构合作，引入现代营销理念与方法，开展持续化、创新式的营销。

真诚合作：在现代商业社会必须寻求合作，只有合作才能取得商业上的成功，只有合作才能获得长足的发展和永续的市场回报。狼牙山风景区在发展过程中要敞开怀抱，积极探索与其他企业在合作中寻求共赢，寻求新的发展机遇。

（1）提升文化品位——打造太行文化馆。

在现有建筑布局中建立太行文化馆，作为向游客展示太行文化、宣传太行文化的窗口。文化馆内集中展示具有太行特色的文化产品，如曲阳石雕、易州古砚、晋城石雕、邯郸黑陶等。这些在太行文化熏陶下造就的文化艺术品，它们和太行文化高度吻合，是太行精神的物化表现，亦是太行文化的集中展示。通过艺术品的展出，可以让游客在这里接触太行文化、认识太行文化、了解太行文化，进而喜欢太行文化。

建设太行文化馆不仅可以展示太行文化，同时也可以将狼牙山文化和中凯集团的经营理念与宗旨深度融合进行展示。

（2）制造学术影响——召开专业学术研讨会。

要提高太行文化的影响力可召开如“太行山4A景区营销论证会”“太行文化论坛”“太行山新闻论坛”“太行山文化财富峰会”等高端学术会议，从学术角度对太行文化进行深入研究和探讨，在让太行文化提升档次的同时进行文化营销。

（3）开掘古村落文化——打造“山居时光”农家体验游。

当今时代，都市人生活、工作的节奏如陀螺般转得飞快，都市一族都想寻找一片心灵的净土，让自己忙碌而又疲惫的灵魂得到片刻的宁静和彻底的放松。

“山居时光”农家体验游根据现代都市人的心理需求而制订，其服务理念新颖，以完善的基础设施为保障，可以让游客在体验农家院生活的同时又不降低生活的品质。

用太行文化全面包装“东水古村落体验游——山居时光”。目前，东水村仍然有一部分房屋适合包装成“古村落”，进行景点开发。将东水村比较古旧的房屋进行包装，可使到狼牙山景区旅游的游客进行体验式生活，充分感受狼牙山的古朴、自然、原生态。

（4）开发文化资源——打造“朗月幽谷”文化游。

将狼牙山主峰两面之间的山谷进行重新包装，打造全新景点——“朗月幽谷”，推出别开生面的晚间休闲游，将游客留在狼牙山风景区过夜，延长游客在狼牙山风景区停留的时间。借鉴苏州园林移步换景的园林设计思路，在狼牙山盘山路上设置多个观景台，用灯光营造出如梦如幻的夜景。

（5）发掘原生态资源——打造“野柿子沟生态游”。

将狼牙山主峰东边山谷命名为“野柿子沟”，充分体现出该景点的原生态和粗犷自然。

狼牙山风景区外围现已形成大规模的柿子种植区域，发展原生态绿色游条件已成熟；狼牙山风景区自有1 000多棵柿子树的山谷生态环境保持完好，柿子树已经成林，具有极大的开发价值。

可在“野柿子沟”内建造木质房屋，房屋外部极尽原始古朴，内部追求自然和谐以给人天人合一、古朴和谐之感，达到现代都市人所追求的心理体验和心灵放松效果。

“野柿子沟”内的所有柿子树挂牌出售“采摘权”和“认养权”，待到果实成熟之时，认养人可以到狼牙山风景区体验采摘“自家果实”。

（6）创造景观——“真人CS战地”。

打造华北第一野战营地——“五勇士真人CS（反恐精英）战地”。打造真人CS战地对于狼牙山风景区来说，具有先天的文化优势和地理条件。在狼牙山风景区内有大量的可供进行真人CS对战的地形，加之景区自身具有狼牙山五勇士的英雄故事背景，有利营造战斗气氛，可激发参加者的斗志。

（7）整合资源——修葺道观。

狼牙山有道家的文化基因，古代就有烂柯之传说，还有棋盘陀上对弈下棋的两位得道高人的传说。在狼牙山蚕姑坨半山腰，还有一座灵峰院，原有佛殿 20 余间，现蚕姑圣母殿仍保存完好。据碑文记载，灵峰院历史悠久，为五代时所建，此后历代都对它进行过修葺，是一座千年古刹。三教堂因供奉“儒、道、佛”三教之祖孔子、老子、如来佛于一堂，形成全国独一无二的“三教文化”，为其增加了深厚的文化底蕴。

据此，可将大莲花峰山腰之间的道观、灵峰院与三教堂重新修葺，聘请“得道仙士”来景区道观挂单，增加狼牙山风景区的旅游项目和收入，提高狼牙山风景区的知名度。

（8）合作共赢——景区联动。

打造古战船黄金易水游＋狼牙山红色生态游。

可使狼牙山风景区与易水湖景区进行战略合作，充分利用拍摄电影《赤壁》留下的古战船资源，对景区进行包装，推出“古战船黄金易水游”＋“狼牙山红色生态游”，进行载客游易水，同时游太行“小黄山”——狼牙山，以此让游客充分体会北方山水的雄浑大气和阴柔静美。

进行“山＋水”的战略合作不仅可以提高双方营业收入，增加两个景区的客流量，同时可以提高整个易县旅游业的竞争力，和谐狼牙山与各大景区之间的关系，变竞争对手为合作伙伴。

第三章　燕山—太行山片区文化产业与精准扶贫融合发展策略之二：深挖人文底蕴，创新乡村文化＋旅游模式

第一节　文化＋旅游模式与精准扶贫融合发展的理论探索

在新的经济发展背景下，乡村旅游业的发展日益呈现出新的发展特点。文化创意与乡村旅游的有机结合便是一种新的旅游模式，为旅游扶贫工作注入了新鲜的血液。在国民经济的发展中，旅游和文化产业作为第三产业的重要组成部分，做出了重要贡献。文化创意与旅游的融合不仅拓展了乡村旅游的发展空间，更为观光者提供了文化饕餮盛宴。

一、文化创意与乡村旅游融合的概述

具有经济和文化双重属性的文化创意产业是一种在经济全球化背景下产生的以创造力为核心的新兴产业，强调一种主体文化或文化因素，依靠个人、团队，通过技术、创意和产业化的方式开发、营销知识产权。① 在知识经济的背景下，以知识、创意、文化为主要元素的产业成为推动经济发展的一支重

---

① 鲍枫. 中国文化创意产业集群发展研究［D］. 吉林：吉林大学，2013：48-82.

要力量，具有创新性、低能耗、高附加值等特征，凭借个人创意为核心内容，产生经济和社会的双重收益。

国内外学术界对乡村旅游并没有统一的权威定义。在国外，以色列 Arie Reich、Odrd Lowengart、Ady Milman 等人将乡村旅游定义为：位于农村区域的旅游，具有农村区域的特性。在国内，何景明等人认为：狭义的乡村旅游是指发生在乡村地区的旅游，旅游客体是当地的自然景观和人文景观（极具乡村性），乡村旅游的概念包含了两个方面，一是发生在乡村，二是旅游吸引物是乡村性，两者缺一不可。①

新的经济发展形势为乡村旅游的可持续发展带来了新的发展机遇。文化产业和旅游业同属于第三产业的范畴，两者之间的有机融合成为实施精准扶贫和乡村振兴的重要途径。旅游是文化的载体，为文化的传承与创新提供了舞台与空间；文化是旅游的灵魂，为旅游资源注入了新鲜活力。无论是旅游资源的自身特质还是旅游的主体都带有文化属性，文化创意与乡村旅游具备融合的文化基础。

二、精准扶贫中将文化创意与乡村旅游融合的可行性

党和国家高度重视产业融合，2016 年国务院办公厅印发《关于推进农村一二三产业融合发展的指导意见》，明确要求推进农村中农业与其他产业进行融合，其中就包括乡村旅游与文化创意产业融合。国家的利好政策为乡村旅游的转型升级提供了契机，有利于实现更好更快的可持续发展。

优质的生态环境和独特的文化是乡村旅游发展的两大核心要素，一个环境优美、乡风淳朴和文化底蕴深厚的乡村才具有持续吸引游客的魅力。正如习近平总书记所言，我们必须留住青山绿水，必须记住乡愁。而乡愁正是文化情节的一种表达方式。所以，旅游资源开发中提升凝练本地特色的民风、民俗、历史、饮食等方面的文化内涵，可为旅游经济的发展增添持续的动力，

---

① 余昊. 基于精准扶贫视角的纳灰村乡村旅游开发探析［J］. 旅游纵览：下半月，2018（06）：166-167.

从而助力国家精准扶贫战略的有效实施。

传统的乡村旅游产业结构单一，旅游资源主要集中在风景观光等自然资源方面，以“农家乐”为主要的开发模式，凭借“吃住行游购娱”的功能要素，吸引游客前来欣赏美景和体验民情。随着产业经济发展的优化升级，传统的旅游模式已不能满足大众的消费需求。在文化创意产业的渗透和提升作用下，乡村旅游的开发模式开始转变，融入文化要素，提升旅游资源的文化内涵，为乡村旅游的发展提供充足的空间，从而实现自然与文化的优势互补。例如，依托本地的特色民俗、庙会、展览节等在保持原有文化内涵的前提下，可以借助高科技将静态的文化资源与文化创意进行融合，创造性地开发乡村旅游的文化衍生品。

乡村地区的旅游资源中不仅有优美的自然风光、独特的风土民情，还拥有深厚的历史文化底蕴。例如，传统的民间手工艺便是一种典型的乡村文化表现形式。传统民间手工艺是本土乡民生活的缩影，内容丰富多彩，包含皮影、剪纸、雕塑、刺绣等多种表现形式。文化创意融入乡村旅游发展中，可将深挖乡村文化的内涵价值作为一种有效的方法，使传统的文化资源成为本地旅游的特色。游客在享受生态美景的同时接受传统文化艺术的熏陶，既可以增长历史文化知识又能提升自身的文化内涵。

第二节 曲阳县西沙湾村规划案例实证分析

西沙湾村位于河北省保定市曲阳县西北部，是我国第二阶梯东缘太行山典型的山区村，东南距曲阳县城直线距离约 31 公里，紧邻王快水库，可谓依山傍水，拥有得天独厚的自然旅游资源。除此之外，独特的历史文化资源也为西沙湾的开发增添了人文气息。

本案例基于精准扶贫的视角，将文化创新与乡村旅游相结合，借助实地考察的方法，研究了河北省曲阳县西沙湾村的乡村旅游的开发模式与专项规划设计，以期为西沙湾村以及其他贫困乡村实现精准脱贫和可持续发展提供范例参考。

一、西沙湾村区位分析

对于游客而言，出行的距离是选择目的地的重要考虑因素。休假天数较短的节假日或者双休日，民众更多地倾向于选择短途旅行，但距离并不是唯一的参考因素。不同旅游景区有不同的地理条件，乡村旅游资源也会带有不同的特色。总体而言，良好的地理区位条件，是吸引游客的基础因素。可以充分利用区位条件的优势，促进地区的经济发展，从而为当地乡村旅游发展提供更加充足的资金支持，提升乡村旅游竞争力。

（一）交通便利

俗话说：要想富，先修路。西沙湾位于河北省保定市曲阳县，地处快速发展的大北京经济圈的辐射范围之内，交通线路四通八达。北距保定市 91 公里，南偏西距省会石家庄 79 公里，北偏东距首都北京 210 公里，东北距天津 241 公里。京昆、保阜高速公路穿境而过，在境内交汇互通。地理区位优势和发达的交通设施，为曲阳县发展乡村旅游增加了便利条件。

（二）自然资源丰富

优质的山水自然资源是曲阳县振兴经济、建设美丽乡村的一张强劲“王牌”。西沙湾地处华北平原西北部、太行山脉东麓，拥有广袤的山场资源，生态环境保持了原汁原味。夏季山内凉爽，气候湿润，空气新鲜纯净，细雾蒸腾迷蒙如雨，有利于山水观光、林果业的发展。另外，紧邻河北省四大水库之一的王快水库以及西大洋水库和十多座中小型水库，常年库容水量 23 亿立方米，有利于发展水产养殖业及垂钓等休闲项目。优质的山水资源造就了优美的生态环境，是西沙湾村发展乡村旅游不可多得的自然资源。

（三）文化资源丰富

保定曲阳县是河北省历史最悠久的县之一，虽然位于燕山—太行山集中连片特困区内，第一、第二产业经济发展落后，但孕育了别具一格的文化体系。该县素有中国“雕刻之乡”的美誉，培育出三名世界级雕刻大师，省级以上雕刻大师 100 余名，雕刻企业摊点2 260个，从业人员达24 000余人，产品远销 80 多个国家和地区，形成了开采、设计、加工、销售、运输、安装一体化的产业体系。

曲阳雕刻门类、种类丰富，从单纯的石雕拓展到木雕、牙雕、玉雕、铜雕、不锈钢雕等领域。雕刻技法日臻精进，圆雕、透雕、镂雕、浮雕等不一而足。雕刻产品种类繁多，既有传统古建筑饰品，又有现代人物雕像；既有园林雕塑，又有家庭装饰。1995 年，国务院正式命名曲阳县为“中国雕刻之乡”。

北岳文化、定窑文化源远流长，曲阳定窑是继唐代的邢窑白瓷之后兴起的又一大瓷窑体系，主要产地在今河北省曲阳县的涧磁村及东燕川村、西燕川村一带，因该地区唐宋时期属定州管辖，故名定窑。定窑原为民窑，北宋中后期开始烧造宫廷用瓷。早在仰韶文化时期，曲阳就出现了陶器，至商周时期制陶已获很大发展，到隋代曲阳开始烧制粗瓷，至唐代便有白瓷生产，到北宋时期达到鼎盛，是著名的宋代五大名窑（汝窑、钧窑、官窑、哥窑、定窑）之一定窑所在地。定窑的瓷器在海内外有极大的影响，尤以白瓷胎质洁白细腻、釉色匀净、薄而坚硬名列陶瓷之冠。

二、西沙湾村建设规划目标

为积极响应国家美丽乡村建设的号召和落实精准扶贫的政策，河北大学文化创意产业研究中心项目团队从曲阳县实际情况出发、具体问题具体分析，将文化创新与乡村旅游有机融合，制订了西沙湾发展规划目标，着力带动曲阳西沙湾以及周边的经济发展，从而助力国家精准扶贫政策的实施。规划目标主要分为三个方面：

第一，探索乡村生态环境保护新方式。依托优质的山水生态环境，打造写生摄影基地，发展乡村体验式生态旅游，保护乡村生态环境的同时，带动乡村及周边区域的经济发展。

第二，探索新型乡村空间改造形式。以小规模渐进的改造模式，将村内闲置屋舍改造成特色民宿，打造乡村民宿品牌。

第三，探索美丽文化乡村发展模式。以文化发展带动产业经济发展。

三、西沙湾村问题分析

经过实地考察，河北大学文化创意产业研究中心的科研团队综合分析认为，西沙湾村的发展存在以下瓶颈：

第一，优质生态环境资源闲置。西沙湾村拥有原汁原味的生态环境、风光秀丽的自然景观，具有发展乡村生态旅游、建立书画写生基地的条件，但并未被有效开发利用。

第二，人居环境较差。村庄总体建筑风貌种类多，排列杂乱，建筑整体质量较差，公共活动绿地和公共空间不足。

第三，缺少公共服务设施。村庄公共服务水平较低，缺少文化活动空间、休闲活动场地、养老设施、旅游服务设施等。

第四，基础设施落后。村庄缺少路标指示，进村道路缺少错车道；村内街巷偏窄，路网系统不完整，路面硬化率低，部分路面为石板路、砂石路、水泥路；道路亮化差，路灯老旧且损坏严重。

通过以上综合分析可知：西沙湾本身拥有的优质生态资源被闲置，没有得到充分的利用；经济上产业发展潜力薄弱，农民增收乏力；村内屋舍环境整体风貌欠佳；基础设施和公共服务设施建设滞后。

项目团队面对西沙湾村堪忧的发展前景，初步规划了具有针对性的发展解决策略：以保护生态环境为前提，打造写生摄影基地，发展乡村休闲体验式旅游，同时发展特色林果业，打造特色农产品流通渠道，开拓广阔的市场。村内闲置房屋实行大规模改造，打造特色民宿。针对公共设施的亟须性，重点分期、分批建设，全方位对西沙湾实行“换骨”。

四、西沙湾村规划思路与发展定位

（一）规划思路

以良好的山水生态环境为基础，以特有的人文魅力、自然旅游环境、农业生产资源为依托，以保护生态环境资源、开发特色农产品、开创写生基地为主导，充分发挥西沙湾村的区位优势和自然环境优势，把西沙湾村建设成集农业生产与农产品销售于一体、生态环境风光旅游与乡村生活体验于一体、写生基地与艺术会展活动于一体的多功能复合式乡村，打造山水西沙湾，建设美丽乡村。

在这一建设过程中，打造西沙湾美丽乡村是规划追求的目标，以生态环境保护、写生基地、特色农产品“三位一体”牵头主导，实现生态、文化、产业、乡土的有机融合，使西沙湾既有制胜的旅游景观、别致的村容村貌，又有天然的特色农产品，使西沙湾乡村旅游业得到有序的发展。

（二）发展定位

1. 保留西沙湾最美的乡村生态环境

保留西沙湾最美的乡村生态环境，让人能够“回归自然，返璞归真”，在大自然中寻找自我。核心理念始终强调对生态环境的保护，而不是大肆地去改变环境；强调建筑、自然环境和文化氛围的和谐，进行生态化设计；发展乡村生态旅游，通过对自然环境和村落文化的体验，让游客在自然山水之间缓解压力，解放身心。

2. 挖掘西沙湾最浓的乡土文化气息

淳朴的乡土风情可以让都市人体验原汁原味的乡村生活，参与到农业生产中，体验田园耕作的乐趣。具体实施过程中，要提炼本土化的乡村风格，挖掘地区性的独特文化氛围，多角度保留、保护地区乡土习俗和文化本底，让观光者感受及体验乡村景观、乡村历史、乡村特产、乡村活动，与文化“不期而遇”；将村内闲置房舍改造为特色民宿，满足都市现代人对乡村生活的好奇和向往；积极发展农家采摘园、农耕体验园等乡村文化体验活动，以红枣采摘为主，让观光者体验乡村农务生活。

3. 渲染西沙湾最清新的艺术文化氛围

以优质的山水生态环境和淳朴的村内屋舍为依托，面向美术院校师生、艺术家、摄影爱好者，打造写生、摄影基地，开办写生美术展、摄影展，以此增加西沙湾村的艺术文化气息。

4. 振兴西沙湾最有活力的特色产品市场

以特色产品产业发展为美丽乡村的建设注入活力。以农业增收、村民增收、村庄增活力为目标，整合特色农产品和特色手工艺品资源，将特色产品资源与乡村文化旅游结合，线上线下销售相结合，拓展特色产品流通渠道，完善村庄的“造血”功能，实现农民的脱贫致富。

五、西沙湾村总体规划建议

（一）村容村貌整治原则

第一，依据村内多数建筑的风格塑造村庄建筑整体风貌，在新建、改建建筑符合浅色墙面、灰色坡顶的整体要求下，尊重村民意愿，不强求建筑风格、构造、立面材质的绝对统一。

第二，坚持“不大动”原则，采用灰白调作为建筑物外墙的主色调，强调建筑质朴的特点，彰显建筑的个性。

第三，新建和改造房屋坚持结构安全、功能健全、节能环保的要求，运用具有地方特色的建筑材料、建筑元素和符号，体现民居的地域特色和美感。

第四，根据各时期建筑特点，提取建筑元素符号，推荐新建、改建住宅采用坡顶灰瓦、塑钢花窗、毛石砌筑基础、生土结构或砖混结构建造。

（二）空间规划建议

总体空间规划呈现“一馆、四区、一街”的格局，一馆是村史馆，一街是特色产品街，四区包括风景写生区、艺术活动展会区、乡村民宿区、林果种植区。

1. 一馆

村史馆在村干部看来，是告别贫困、记住艰辛的见证；在村民眼中，是存放家乡气息之地；在游子心中，是“乡愁”的象征。村史是乡村发展、乡村生活习惯的记述，更是让村民产生认同共鸣和情感共融的具体载体，现在已是乡村建设的一部分。

作为乡村“文化自觉”的西沙湾村村史馆的职能有：介绍西沙湾村历史文化和作为办公用地。通过陈列西沙湾村概况和村落起源与发展的资料、物品，向游客展示西沙湾村的历史沿革和村容巨变，展现西沙湾村特色，表现其民俗风情、文化底蕴及生产建设、经济发展等风貌。同时，村史馆也兼顾接待中心和村委会办公的功能。

2. 一街

“一街”指打造西沙湾特色产品街，以展销西沙湾村特色产品为主，为本地居民创收。发展特色产业，以特色产业为支撑，形成新的发展业态，丰富美丽乡村的内涵。打造多样化的产品流通渠道，构筑特色产品流通平台，吸引各地的特色产品集中到这里来进行包装、销售。两者作为“鸟之两翼、车之两轮”，助力农民增收致富。

打造特色产品的发展思路是通过特色产品的展销展现乡村特色风貌并激活西沙湾特色产品产业。特色产品展销包括特色手工艺：曲阳石雕、曲阳定瓷、曲阳泥塑；特色农产品：杂粮、柴鸡蛋、曲阳梨、枣；创意手工艺：创意石雕、定瓷、泥塑。其中兼具创意性和实用性的手工陶瓷作品，可面向游客销售，也可私人订制手工艺泥塑作品，根据游客形象定制手工泥塑，具有个性化特点和纪念性意义；还可以制作手工泥塑挂件、摆件，对游客而言彩色的手工泥塑挂件和板件，便于携带且趣味性极强。

用特色农产品凸显西沙湾的特色产业，用特色手工艺作品彰显西沙湾村的艺术传承，吸引对特色农产品和手工艺产品有收购兴趣的商家，从而推动农产品种植和手工艺批量生产。

艺术院校师生、艺术家参与设计手工艺作品，使传统工艺与现代创意碰撞下衍生出创意手工艺作品。通过吸引对西沙湾特色农产品、传统手工艺和创意工艺产品有兴趣的游客，从而带动西沙湾村生态旅游和乡村民宿产业的发展。

3. 四区

“四区”建设是西沙湾规划设计的重中之重。

（1）风景写生区。

打造山水写生基地，用笔触记录下自然之美、乡村之淳。在西沙湾开创写生基地不仅拥有天然的生态美景、淳朴的特色乡村建筑、独有的景观高地和特色民宿，而且占据天然的高校区位优势。曲阳地处京津冀高校圈，美术类高校云集。例如，北京的中央美术学院、清华大学美术学院、中国传媒大学、北京电影学院等；天津的天津美术学院、河北工业大学、天津大学等；河北的河北大学、河北师范大学等，这些高校美术专业优势突出，可为风景写生区输送大量高质量人才。

风景写生区的发展有三条思路：可与京津冀美术类艺术高校合作，由高校组织师生前来写生基地进行写生培训，当地专门针对写生人群建设特色主题乡村民宿为其提供食宿。在特殊的节日或者日期举办“西沙湾·美丽乡村”画展活动，以西沙湾村生态美景为表现主题；参与画展的人群可到西沙湾村进行写生。到西沙湾的写生爱好者和画家可以带动当地生态旅游业和民宿经济的发展，通过口碑传播对西沙湾村进行宣传。

风景写生区空间格局的合理划分可为写生人群提供更加优质的服务。风景写生区可主要分为三大区域：景观台、宿营地、生活区。写生的景观台建在水库附近的高地，地貌平整，是良好的观景点。从高地远眺视野范围广，美丽的生态景致可尽收眼底。宿营地为前来写生的学生或者游客提供休憩的场所，宿营地搭建在山水景观之中能够使人近距离接触自然、感受自然，从而为艺术写生提供灵感来源。除此之外，设计方案中还特意设计开辟了自驾游度假营地。生活区与乡村民宿相结合，为前来写生的师生或艺术家提供食宿。在生活区针对不同的人群建设不同风格的主题民宿，为艺术人群提供艺术客栈和速写校园，屋内的装饰和生活用品皆与艺术的风格气息相符合。

（2）艺术活动展会区。

艺术活动展会区是西沙湾艺术文化的聚集地。展区内陈设记录西沙湾美景的写生、摄影作品，展现西沙湾静态之美，提升西沙湾的艺术文化质感，从而吸引更多的艺术爱好者前往领略浓郁的艺术氛围，用文化活动带动产业经济的发展。展区的艺术活动设计由四部分构成：以写生作品为对象开展美术艺术展，使更多的游客欣赏到写生者的作品，也是一种对作品的认可。结合曲阳县的文化特色开展雕塑作品展览会，使“土生土长”的文化搭上艺术展览的“便车”得以发扬光大。优质的山水自然景观为摄影爱好者提供了拍摄资源，举行优秀摄影展的资源丰富、优势突出。与静态的陈列展示相比，动态的镜头更能捕捉西沙湾别样的美，以西沙湾景观为背景拍摄微电影，主题不限，评比后公认为优秀的作品可在艺术展览区展出。

（3）乡村民宿区。

自然是身心与灵魂的后花园。在西沙湾的特色民宿居住，将体会到淳朴的民风乡情、浓厚的艺术文化以及“原汁原味”的生态美景。

将原有的村落建筑改造为特色民宿需要遵循一定的原则，否则便会失去与本地特色的一致性。改造过程中要遵循村庄建筑机理，注重民宿建筑和地形、环境的融合。要突显原生态的自然风光和文化特色，保留地区的乡土性。保护地区特色和文化符号，强调优质生态环境下的乡村美景，借由写生基地和艺术展览活动的艺术文化氛围，在民宿设计上增强艺术质感，渲染民宿的艺术文化气息。在各民宿之间打造公共空间，塑造小环境。建造不同主题风格的民宿时，在保持各民宿自身特色的基础上打造公共空间，为主题民宿建构“留白”；动静分区，环境共享。

打造特色民宿的同时，还要提高知名度，吸引更多的游客。宣传方式上可通过微博、微信等媒体，向外界发布关于西沙湾村的相关图片。选择受众群体广泛的媒体进行宣传，能够吸引生态观光旅游者、写生的师生、艺术家以及摄影爱好者等访客前来。还可通过创办以西沙湾村风景为主题的艺术绘画、摄影作品展览，有针对性地以写生艺术家和摄影爱好者为宣传对象。

民宿的改造风格种类繁多。有归园田居类，建筑色调以灰、土黄色为主，看上去一派田园风光，使人不禁畅想“晨兴理荒秽，带月荷锄归”的恬静闲适的躬耕之乐。有水墨闲庭类，主要以黑、白元素为主，营造一种典雅的氛围，也可为写生人群提供场景资源。还有白描小舍，以灰白色为主，白色比例大于灰色，给人一种干净、舒适的感觉。有印象西沙湾类，契合本地区的山水风貌，以灰白为主，灰色比例成分大。除此之外，还有很多不成规模的散落建筑风格，如水月轩茶舍、悠然咖啡馆等可为游客提供品味悠闲生活的场所。

特色民宿美化了乡村面貌，契合并丰富了美丽乡村内涵，多样的宣传方式增加了访客来源和游览量，从而促进了本地经济的发展，增添乡村盈利项目，帮助村民创收，切实落实国家精准扶贫的政策。

（4）林果种植区。

以打造生态种植园为核心理念，带领游客体验“自然很近、生态很亲、丰收很美”的乐趣。在林果种植区的村内核心农业区域布置农业种植和体验功能空间，根据本地的气候、土壤条件以大枣种植为基础，不断拓展农业产业新功能，延伸产业链，提高农产品的附加值。建立农业观光园，发展体验式农业，发挥其科技示范、农业观光、种植、采摘、野外品尝等功能。

林果种植区有三个发展方向：一是建立大枣采摘园，采摘园主要种植枣，有冬枣、梨枣、金丝小枣等多样品种，以鲜枣采摘生态旅游为特色，让游客回归自然，体验农业采摘的乐趣。二是开发大枣的衍生产品。以鲜枣为出发点，衍生出数种枣产品，可以供游客购买。如枣酒、浓缩枣汁、红枣粉、枣茶、枣脯、蜜枣、枣干、枣夹核桃、枣花蜜等，提高枣类产品的附加值。三要开拓线上与线下相结合的对外销售路线。对枣的相关产品进行包装设计，线下出售给村外各大超市。线上利用互联网对外销售，针对年轻消费者，创立品牌，进行个性化、趣味性包装设计。可以建立农产品销售的电商平台，积极推进在淘宝、京东等线上网站的销售平台建设，拓展农民的增收渠道。

第四章　燕山—太行山片区文化产业与精准扶贫融合发展策略之三：创意农业

第一节　创意农业与精准扶贫融合发展的理论探索

燕山—太行山集中连片特困区是传统农业区，有着得天独厚的农业优势，但因其环绕京津的独特区域位置，决定了其经济发展的前提是生态保护。如何在大力发展经济减贫脱贫的同时又能兼顾生态，创意农业或许可以为这一地区的发展提供有益的思路与启示。

一、创意农业的概念

创意农业的概念来源于创意产业，作为最早确立“创意产业”概念的英国将创意产业定义为“源自个别创意、技术及才干，通过知识产权的开发和利用，具有创造财富和就业潜力的产业”。① 狭义的创意农业的概念可以定义为“对农业生产经营的过程、形式、工具、方法、产品进行创意和设计，从而创造财富和增加就业机会的活动的总称”。② 如今随着创意农业在世界范围

---

① 褚劲风. 世界创意产业的兴起、特征与发展趋势［J］. 世界地理研究，2005（04）：16-21.

② 秦向阳，王爱玲，张一帆，等. 创意农业的概念、特征及类型［J］. 中国农学通报，2007（10）：29-32.

内的发展，其概念有了更为丰富的内涵。总的来说，创意农业是以文化创意为核心，以农产品附加值为目标，通过创意产业的发展理念和规划，将传统农业和文化开发结合起来形成更高收益、更优配置、更高价值的新型农业。创意农业融生产、生活、生态于一体，能更进一步整合农业功能，延长产业链，是创意产业的新业态。

二、创意农业发展的政策机会

目前，我国的农业发展面临着进一步转型升级的考验，创意农业在推动精准扶贫、促进实施乡村振兴战略、农村资源的开发利用、推进乡村旅游发展、促进农民增收等方面具有重要的意义。自 2008 年民革中央首次在全国政协会议提出《关于发展创意农业的几点建议》后，我国政府对创意农业的发展投入了更多的关注。国务院于 2014 年印发的《关于推进文化创意和设计服务与相关产业融合发展的若干意见》，对推进文化创意和设计服务发展、促进其与实体经济深度融合进行了系统部署，明确了文化创意和设计服务与装备制造业、消费品工业、建筑业、信息业、旅游业、农业和体育产业融合发展的重点任务，明确指出要提高农业领域的创意与设计水平。

2016 年创意农业作为农业新业态被编入《中华人民共和国国民经济和社会发展第十三个五年规划纲要》。从 2016 年到 2018 年，创意农业连续三年被写入中央一号文件。2016 年中央一号文件提出要“大力发展创意农业、农耕体验、乡村手工艺等，使之成为繁荣农村、富裕农民的新兴支柱产业”。2017 年中央一号文件提出要“支持有条件的乡村建设以农民合作社为主要载体，让农民充分参与和受益，集循环农业、创意农业、农事体验于一体的田园综合体”。2018 年中央一号文件再次提出要“发展乡村共享经济、创意农业、特色文化产业”，使之成为推进美丽乡村建设和实施乡村振兴战略的产业模式支撑。

三、创意农业实施策略

（一）以农业优势为基础，挖掘区域特色资源潜力

发展创意农业，不能毫无产业基础，创意农业能够发挥农业经济规模效

应的基础在于对区域农业特色资源的综合开发。要深刻认识到地方农业的产业优势，并进行深耕挖掘，满足市场细分需求。在确定优势特色产业时要选择产业延伸性强、生产经营组织化程度较高、有利于形成区域农业优势特色产业体系和产业集群的资源。以燕山—太行山集中连片特困区为例，其主要产业是传统农业，但同时有着丰富的旅游资源，旅游＋农业的休闲农业创意模式可以提升农业的附加值，使产业结构得到更优配置。

（二）以农业文化为核心，赋予特色资源文化价值

农业在今天已经不单是温饱的需求，它还代表着一种生活方式和对农业文明与农耕文化的情怀。创意农业的实施策略之一便是把当地的或特定的文化元素，如文化遗产、传统民俗、民间技艺、历史传说等进行提炼和加工，通过创意的手段与传统农业相融合，赋予传统农业更高的文化价值，引起更多人的共鸣。以农业文化为支撑，让文化软实力促进创意农业的发展，使第一产业具备第三产业的属性，在弘扬人文精神的同时还可以增加乡村的隐形竞争力。

（三）以农业体系为支撑，注重多产业融合发展

创意农业是产业融合性很高的产业，农业的产前、产中和产后诸环节联结成为完整的产业链条是创意农业发展的关键。因此，在实施创意农业策略时要构建其技术支撑体系，构建核心产业、支持产业、配套产业和衍生产业之间相互关联的产业链。将农产品与服务产品相结合，融合发展农业、文化产业、旅游业，使农业体系的经济价值达到最大。

四、精准扶贫视角下发展创意农业的意义

（一）创意农业开发农业多种功能，以创新促精准扶贫

创意农业最大的活力是创意和创造力，如果没有源自观念、方式和价值的创新，创意农业就失去了灵魂。传统农业在农业功能上的区分过于简单，创意农业开发出农业多种功能，除了基本的生产功能，还意识到农业的观赏旅游价值和其他附加价值，进行农产品深度开发、农业节庆开发、创意农园区建设等多种形式的探索。创意农业的发展能提高地方经济“造血”能力，

针对贫根对症下药。

精准扶贫、精准脱贫同样要求在创新上下功夫，大力弘扬创新精神，采取超常举措，拿出过硬办法。在体制机制、思路举措上都要求秉持创新理念，创新扶贫工作模式，不断探索扶贫开发新路径。可以说，创意农业是具体到农业的一种贯彻落实以创新促进精准扶贫的科学产业表达方式。

（二）创意农业合理利用生态资源，以绿色促精准扶贫

创意农业的发展要求因地制宜、尊重自然，遵循“宜林则林，宜游则游，宜种则种”的方针，是一种不以破坏生态环境换取经济利润的发展方式。创意农业合理利用生态资源，将高效产业发展和生态系统恢复及改善有机结合，使生产、生活和生态融为一体，达到经济、社会和生态“三效统一”协调发展的结果。不仅可以保护资源和生态环境、维持文化完整性，还能满足人们对经济、社会可持续发展的要求。

2015 年召开的中央扶贫工作会议上，李克强总理指出：“一些贫困地区拥有良好的自然环境和独特的人文环境，通过发展乡村旅游，农产品变成旅游产品，农家院变成旅游设施，绿水青山变成了群众脱贫致富的金山银山。”已经进入到攻坚拔寨的冲刺期的精准扶贫需要在绿色发展上寻求出路，这既有利于建设社会主义生态文明，又可以实现经济的可持续发展。从这一点上看，创意农业是一条在农业上实现精准扶贫绿色发展的科学合理的路径。

（三）创意农业提高农业经济效益，以共享促精准扶贫

精准扶贫是促进共享发展的关键，让贫困地区人民平等参与改革发展进程、共同享受改革发展成果是精准扶贫、精准脱贫的根本目标指向。这要求在精准扶贫过程中要树立“大扶贫”的格局，既要具体帮扶到一人一家，更要增强贫困区域的“造血”能力，以解决区域性整体贫困的问题。

创意农业作为农业产业化的形式，它的一大优势在于能够通过区域特色资源的开发，将一方的劳动人民引入统一的大市场，通过点带动面、户带动村的形式，将分散的农产品、农户、农业景观等形成规模化的格局。不仅能够提高农业综合效益，实现多环节增收，直接增加农民收入，而且能够带动一方经济的发展。创意农业的产业化运作还能拓展农民就业空间，解决农村剩余劳动力的问题。这不仅能调动一方人民的积极性，而且可以使他们共享创意农业发展的经济成果。创意农业符合精准扶贫共享发展的理念，在助推精准扶贫、促进共享发展上可以发挥重要作用。

第二节 张家口官厅生态农业文化创意区规划案例实证分析

一、张家口官厅生态农业文化创意区规划背景

（一）政策分析

根据2015年发布的《京津冀协同发展规划纲要》，京津冀的整体定位是“以首都为核心的世界级城市群、区域整体协同发展改革引领区、全国创新驱动经济增长新引擎、生态修复环境改善示范区”。区域整体定位体现了三省市“一盘棋”的思想，突出了功能互补、错位发展、相辅相成特点。三省市定位服从和服务于区域整体定位，增强整体性，符合京津冀协同发展的战略需要。

《京津冀协同发展规划纲要》对京、津、冀三地的发展有具体的定位，其中北京作为全国政治中心、文化中心、国际交往中心、科技创新中心；天津作为全国先进制造研发基地、北方国际航运核心区、金融创新运营示范区、改革开放先行区；河北则打造为全国现代商贸物流重要基地、产业转型升级试验区、新型城镇化与城乡统筹示范区、京津冀生态环境支撑区。对于作为“京津冀生态环境支撑区”的河北省来说，不管是维护本省的生态安全，还是京津地区的生态安全，都面临着艰巨的生态建设和保护任务。因此，河北省必须走生态优先、绿色发展的道路，才能提升资源环境的承载能力，促进京津冀地区经济生态的和谐发展。

除了国家层面的战略部署，2016年2月19日，张家口市第十三届人民代表大会第五次会议批准的《张家口市国民经济和社会发展第十三个五年规划纲要》也对怀来县的区域发展做出以下指示：

①构建张家口经开区、洋河可再生能源示范新区、崇礼区、下花园区、

怀来县等一批非首都功能承接“微中心”。

②加快新城开发，拉大城市框架。按照“一城一园、产城互动”发展理念，加快开发沙城经济开发区、怀来高新技术产业开发区和燕山文化产业示范区。

③延伸旅游产业链条，以崇礼、怀来、涿鹿、怀安、宣化等区域为重点，开发融入张家口特色文化和奥运文化内涵的旅游纪念产品，以养生文化、酒（葡萄酒和黄酒）文化、“口菜”饮食文化为主题，加快开发葡萄采摘、休闲农业、养生度假、酒庄风情体验、酿制工艺观赏、“口菜”品鉴及制作体验等特色旅游产品。

④努力将怀来建设成为具有20万以上人口的中小城市，使其成为华北葡萄和葡萄酒品游大区、北京高科技产业承接地、北京郊游首选地。

根据张家口地方政策，怀来县的发展定位是作为非首都功能承接“微中心”，将加快发展怀来高新技术产业开发区，承接张家口旅游产业链条建设，努力建成华北葡萄和葡萄酒品游大区。

张家口怀来境内的官厅水库将联合北京延庆区共同建设大海陀环首都国家公园，加快建设官厅水库等国家和省级重要湿地公园及泥河湾、小五台等国家级自然保护区，确定草原“生态红线”，保护和恢复坝上天然草原。

在国家与地方出台的政策背景下，张家口官厅地区在规划时应抓住区域的自然景观优势和人文优势，统筹建设，相辅相成，使得规划范围内的风貌既有实体景观，又有文化内涵。

（二）区位分析

张家口官厅生态农业文化创意区位于张家口怀来县西南部，涵盖曹窑村、珠窝园村、豆营村、官厅镇、张家堡村、杏树洼村、和家寨村、鹿叫坡村、石片村、鹰窝沟村，规划面积为33.332平方公里。

该项目区位有以下特点：

地理空间：向东靠近北京，中部有康祁公路穿过，向西毗邻S241省道，交通便利。

发展定位：借助其优越的地理位置和生态条件发展生态科技观光农业，

发展科技、生态、旅游为一体的国际生态城。

发展诉求：抓住京津冀一体化机遇开拓市场，打造具有华北地区影响力的国际生态城。

该项目的区位条件较为优越，有利于扩大对外辐射效应，提高知名度。

二、张家口官厅生态农业文化创意区规划定位分析

该项目依托于官厅湖、石片黄杏、怀来葡萄、民俗文化等原有自然和人文资源，结合现代化元素和中式建筑等元素，渗透生态旅游、休闲度假、科普教育等功能，坚持“因地制宜，民俗风情；突出特色，现代元素；科学情怀，人文气息；合理开发，保护生态”的开发规划理念，使得官厅左岸国际生态城既能突出当地特色，又融入了多样化的元素。

该项目坚持“科技引导，现代管理；生态维护，观光旅游；突出人文，度假休闲”的开发模式，计划打造科技与生活融合的官厅“左岸三公里”生活方式农场、具有前瞻理念的国际生态城、作为区域文化品牌的官厅乐水古镇和具有区域特色优势的黄金杏谷。

（一）整体定位

官厅左岸国际生态城项目的整体定位是突出当地生态基础特色和文化基础，建设以科技和生态为核心支撑点的国际级生态城。通过四个层面的设计和建设突出整体定位。

休闲旅游：依托于观光农业丰富的农业种类发展休闲旅游，提供观光、休闲、度假等功能服务。

绿色食品：充分利用现代化农业的科学化管理模式和技术优势，为人们提供大量的绿色健康食品。

科技生态：通过绿色生态规划来改善生态环境质量、提高整体绿化水平和保护生态环境。

观光农业：生态城是现实版的教科书，让游客在休闲娱乐中能够学习到丰富的农业知识。

（二）功能定位

该项目的功能定位是突出旅游功能，作为北京生态观光旅游重要基地的张家口通过科技兴农、生态保护、观光旅游、休闲娱乐四种方式打造农业与旅游业协同发展的生态国际城。

科技兴农：引进先进的技术，大力发展现代农业，提高科技含量；运用现代的科技和管理方法运行，建立生态示范区。

生态保护：贯彻可持续发展理念，保持良好的生态环境；注重开发保护，建设与自然生态和谐统一。

观光旅游：发展生态观光旅游，为喧嚣的城市人提供解压的自然区域；通过田园观光、民俗风情，让人释放压力、亲近自然。

休闲娱乐：通过欢乐农场、水下酒店等风格设计供游客休闲娱乐；规划官厅水乐园等高端娱乐项目供游客尽情游乐。

（三）客源市场定位

立足官厅水库的区位优势和旅游品牌效应，该项目的市场定位以北京、张家口等周边城市为基础市场，生态城以城市人群、出游家庭、参观教育的学生为主要目标人群。

三、张家口官厅生态农业文化创意区整体规划方案

依托官厅的自然条件和资源现状，将官厅左岸国际生态城版图划分为官厅国际生态城、“左岸三公里”生活方式农场、黄金杏谷区、官厅乐水古镇四个不同区域，形成科学合理的发展格局，并满足游客的多样化需求。

（一）官厅国际生态城

在官厅国际生态城区域，计划打造国际生态居住区、滨水主题艺术酒店、中国水文化博物馆、官厅会展演艺中心——官厅·水秀、官厅水乐园、生态康养中心、官厅生态渔村七个具体项目。

1. 国际生态居住区

作为中国首座国际生态居住区，以生态健康为核心服务宗旨，利用现代信息、数字、新材料和新系统技术综合而成高科技生态社区，旨在打造城市

智慧生态健康综合体。国际生态居住区立足智能化、信息化技术平台，为社区居民提供有助身体、心理均衡发展的健康生态环境。在建造和环保节能方面，建筑整体均采用中央置换式新风系统、地源热泵系统、LOW-E（低辐射）外窗节能保温系统、外墙内保温系统，同时配套高端健康生态设施，给社区居民提供一个文明、雅致的居住及生活空间。

国际生态居住区采用生态城市居住系统。生态城市居住系统是以住宅为平台，利用综合布线技术、网络通信技术、安全防范技术、自动控制技术、音视频技术将家居生活有关的设施集成管理，构建高效的住宅设施与家庭日程事务的管理系统，提升家居安全性、便利性、舒适性、艺术性，并实现环保节能的居住环境。生态城市居住系统的特点：装配有新型室内通风排气设备，让住户在室内也可以呼吸到新鲜、干净、高品质的空气。配有利用浅层地能进行供热制冷的新型环保能源利用系统。玻璃具有优异的隔热效果和良好的透光性。实现多种智能系统集成，并能远程控制，还可以实现室内照明、智能灯光、电器设备、厨卫设备、电动窗帘等自动控制、遥控和远程监控。

2. 滨水主题艺术酒店

滨水主题艺术酒店采用“天人合一、浑然一体”的建筑理念和先进的设计理念，打造高水平的度假酒店。

滨水主题艺术酒店分水上和水下两部分，水上与水下相连相称、相辅相成。水上酒店，是采用月亮形设计和圆拱形设计，外观豪华且气派，周边环境设计与酒店风格相统一，同时与水库景色相互映衬，给人水天相接的感觉。水下酒店，可满足度假者探索水库内部的愿望。酒店的外形像宇宙飞船，水上圆盘建筑距离水面有一定高度，能够经受洪水冲击；水下为圆盘建筑，一旦发生危险，会立即自动浮出水面。

3. 中国水文化博物馆

中国水文化博物馆致力打造全国影响力。水文化贯穿整个展馆，馆内陈列多为征集来的实物，展示的模型和文字、图片组合，吸引京津冀及周边地区的游客。

主题及形式展示：通过系统的水文化展示（包括文字、图片、音频、视频、实物、模型等），向世人介绍官厅水库的发展历程、发挥的作用以及水在人类社会进步中的重要性以及保护、开发、利用水资源的紧迫性，呈现丰富的主题。

目标定位：将中国水文化博物馆建设成“全国节水示范基地”“环境保护示范基地”“京津冀社会示范基地”“文化产业发展示范基地”。通过水文化博物馆的建造，打造启迪、学习、教育、旅游为一体的文化项目。

市场定位：吸引来自不同领域的参观者，社会各阶层民众和外国游客等。

4. 官厅会展演艺中心——官厅·水秀

该演艺中心以官厅水库、水等为核心主题，采用最新的表现手法，将传统元素与现代科技高度融合，打造具有浓郁中国元素的超级建筑。水秀剧场水池储水量极大，可以完成水面与陆地的瞬时转换。水池中设有极为复杂的水下升降机及舞台特效设备，舞台上空设有吊挂系统等舞台设备，可以实现在空中、水池及地面上全方位地展现水秀演出节目。

主要的表演样式是水秀，水秀将音乐、舞蹈、杂技、特技动作等多种表演形式有机结合表现水主题，通过精致的舞台服饰、化妆造型等戏剧化设计，呈现出美轮美奂、叹为观止的舞台现场表演，给人以视觉冲击力。

水秀表演的亮点：表现官厅水文化的发展历程和精髓，融合中西方文化娱乐精粹。表现“水”的核心主题，沿承“秀”的多种表演形式，包括舞蹈、音乐、高空跳水、空中飞人等表演。舞台特效混淆梦境与现实，空气特效展现“水中梦境”的奇幻效果，亦假亦真。刺激的火特效、神秘的雾特效及其他众多匠心独具的特殊效果，均是“水秀”最吸引眼球的元素。

5. 官厅水乐园

水乐园分室内和室外两部分。由亲子欢乐区、水上休闲区、湖心鸟乘凉区、儿童游乐竞技区、激情速度体验区、垂钓区、竞技冲关区等部分组成，是集观光、游乐、休闲、健身等于一体的大型综合旅游基地。游客不仅能享受白天的日光浴，而且能在下班后与家人、朋友享受月光下的浪漫，观看特有的官厅民俗风情表演。

水乐园为游客提供全面的高端玩水设备、丰富的室内外玩水场所、多样的一站式玩水方式和专业的水休闲品质服务，打造狂欢的娱乐之地。在这里年轻人可以尽情享受“冲天回旋滑梯”和“空中大回环滑梯”等世界顶级娱乐设备的超炫体验，所有消费者可享受到人性化的世界一流的水上游乐产品和服务，带孩子的家庭可以体验到属于他们自己的亲水乐趣。

6. 生态康养中心

生态康养中心以优良的生态环境为支持，提供多种形式的医疗服务，并且配套康体理疗中心和健身中心，提供医疗、健身等多元化的综合配套服务。关于生态康养中心的具体建设有以下构想：

互联网医院：互联网医院构建基于“互联网＋”的健康管理实体、智慧健康云体、医院联合体和健康生态综合体“四体联动”的独创型健康管理体系，彻底颠覆了传统医疗模式，为人们提供便利、高效的医疗健康服务。

康体健身中心：康体健身中心的功能项目包括体育运动类项目、休闲文娱类项目及多功能项目，向业主提供商业、娱乐、文体等多元化的综合配套服务。

人体5S店：“人体5S店”康体理疗中心设有国医馆、养生SPA（水疗）馆、抗衰养生中心、健康产品销售体验中心等核心体验项目。

7. 官厅生态渔村

官厅生态渔村的建筑设计与自然风光和谐统一，为游客提供捕鱼、垂钓、生态游览等体验项目服务。官厅湖两岸风光旖旎、空气清新，开设捕鱼体验和渔家乐项目，可以吸引众多城市游客。在官厅湖环境建设与整治中，应保持其自然的本色，在沿湖两岸增加游乐设施，如游船码头、滨水景观亭等，满足游客的游览需求。

（二）“左岸三公里”生活方式农场

“左岸三公里”生活方式农场打造现代农业科技展览、农业体验为核心的区域，引领一种新的生活模式理念。以生物技术、信息技术为支柱，以现代高新技术为核心技术的农业发展形式，更加精确、有效收集农业相关的数据发展现代高效农业。除了提供高质量的农产品，还可以普及现代科技教育知识，兼具生态、科技、教育、观光旅游等多重功能。在“左岸三公里”生活方式农场区域，拟打造智能现代农业庄园、生活农场、法式庄园城堡、盒子蔬菜花园等四个具体项目。

1. 智能现代农业庄园

智能现代农业庄园是集种植、研发、深加工、示范、物流配送、观光休闲、商务会议、居住为一体的综合性现代生态智能创意农业园区。智能现代农业庄园将按照国家级农业物联网示范区、生态农业智能进程控制中心、智能现代庄园、智能农业文化学院四大方向进行建设和打造。

国家级农业物联网示范区：建立从产区到消费者的一体化农产品配送基地，建立农产品直销产业链，为城市提供百分百新鲜农产品。

生态农业智能进程控制中心：以生态农业、科技农业为导向，采用精准控制、进程操控的现代化农业模式，建立生态农业进程控制中心。

智能现代庄园：智能现代庄园将现代智能科技应用于庄园中，打造现代农业庄园度假养生地，使现代智能与田园生活相结合，创造现代人的田园宜居环境。

智能农业文化学院：智能农业文化学院涉及农业文化教育以及农耕体验两大部分，以文化教育传承农业知识，以体验传统农事耕作形式，打造现代农业教育体验基地。

2. 生活农场

生活农场是以区域居民健康生活体验为核心架构的交互体验式农场。居民可以认领自留地，并进行日常维护或托管，农场为区域居民提供优质健康食品基地相关服务。在生活农场可建立亲子农场、小型跑马场或农耕基地，增加游客的体验感。通过这些拓展活动，让游客领略诗意的田园风情。

3. 法式庄园城堡

法式庄园城堡环境舒适，可以让游客体验法式慢生活、法式餐饮等。可以将怀来县浓厚的葡萄酒文化与法式庄园城堡相结合，建立法式酒庄，在庄园内设立生态葡萄架，使游客在参观葡萄酒窖、品尝美酒的同时可以感受不一样的法式浪漫。

4. 盒子蔬菜花园

盒子蔬菜花园，通过将蔬菜种植于不同形状、大小的木质方盒中，并随意组合和栽种、拼接，达到以蔬菜代替绿植的作用。既可以让游客品尝到天然健康的有机蔬菜，又通过多种蔬菜拼接组合形成的蔬菜花园增加新型观光农业的体验性和创新性。

（三）黄金杏谷区

黄金杏谷区规划有杏花山谷主题采摘区、黄杏文化村、石片黄杏文化体验中心、石片黄杏衍生产品开发与包装区等。依托现有石片黄杏林打造杏花山谷主题采摘区和黄杏文化村，供游客享受采摘的乐趣，品尝香甜可口的黄杏。该区域的开发着重打造石片黄杏品牌产品，树立品牌影响力。石片黄杏文化体验中心，可以供游客体验石片黄杏相关的工艺、文化活动。在石片黄杏衍生产品开发与包装区，游客可以品尝到各种杏制品。

1. 杏花山谷主题采摘区

杏花山谷主题采摘区风景怡人、杏香四溢，可吸引摄影爱好者和提供采摘品尝、种植体验等项目。在春日杏花盛放之时，可以举办主题摄影活动，吸引游客赏花踏青；秋天黄杏成熟，游客可享受采摘的乐趣。另外，还可以让游客参与到种植杏树的过程中，体验种植乐趣。以杏为主题的拓展活动，可提高石片黄杏的品牌影响力。

2. 黄杏文化村

黄杏文化村内有主题民宿、黄杏文化广场、黄杏街区，以村落的形式打造杏文化乡村。游客在黄杏文化村主要体验民俗之乐：吃农家饭、品农家菜、住农家屋、赏农家花。黄杏文化村融观光旅游与休闲体验为一体，满足游客多样化的民俗体验需求。

3. 石片黄杏文化体验中心

在石片黄杏文化体验中心，游客可以了解石片黄杏文化的发展历程及涉及的文化风情，并能参与手工雕刻等活动。依托石片黄杏文化体验中心，当地可举办富有特色的杏文化节，吸引周边游客前来观光游览；还可以举办杏文化展，展览杏仁工艺品、与杏有关的绘画作品和手工作品等，让游客了解到杏的丰富文化内涵。

4. 石片黄杏衍生产品开发与包装区

在该区域对黄杏、黄杏木、杏仁等相关的资源进行深加工，充分挖掘其价值。除开发杏脯、杏罐头、杏饮品、杏酒等黄杏制品，还可以进行杏仁加工，将其包装加工成健康食品，另外还可以开发杏木家具产品。遵循品牌突出、效益明显的原则，围绕黄杏做衍生产品的开发与包装，形成完整的产业布局结构，将其价值发挥至最大。

石片黄杏曾为清朝康熙皇帝御用贡品，毛泽东主席曾用此杏接待美国总统尼克松等外宾，石片黄杏品牌基础较好。石片黄杏作为一方名片，适合打造成具有区域特色的产业品牌，在打造石片黄杏品牌时要形成产业化经营、社会化服务和科学化管理的现代农业格局，为周边区域农业产业化和现代化发展提供引导、示范作用。

（四）官厅乐水古镇

从帝王林苑、文人雅园到市井小院，庭院早已成为一种心灵的最佳归宿。官厅乐水古镇的建设将层墅宽院的魅力发挥到了极致，内部设置入户小院、中庭、侧院、后院等。通观全局，墅在园中、墅中有院，遇墙开窗、推窗见景，中式园林的精髓微缩于一院之内，确保起居隐秘情境的同时，传达一种源源不断的生活意趣。同时，独门独院的中式合院、完善的基础设施、古朴的纯中式构造和民俗的融合流动着现代生活的血液。

官厅乐水古镇的打造不仅是古朴庭院的建设，还将依托古镇的人文景观打造中国院士村、官厅民俗特色村、官厅民俗历史文化体验中心等具体项目，丰富古镇的人文内涵，增加其文化气息。

1. 中国院士村

中国院士村计划建设国家级科技研发基地，采用新机制吸引院士等顶级科技人才，同时，落实国家引进海外高层次人才“千人计划”，建设人才创新创业基地和研发机构集群，成立专业研究所。将官厅左岸国际生态城建设成为科技人才密集、引领我国农业科技发展方向、代表我国农业应用研究技术最高水平的人才创新创业基地。

2. 官厅民俗特色村

官厅民俗特色村多角度、多侧面地展示官厅当地原汁原味、丰富多彩的民风民情和民俗文化，让游客充分感受官厅地区民俗文化的灵魂和魅力。丰富多彩的民俗表演、民间手工艺品展示、民族传统文化的展示释放地方民俗文化的活力，展现一方民族风情，让游客体验到具有浓厚地方文化和地域特色的生态乡村风情。

3. 官厅民俗历史文化体验中心

官厅民俗历史文化体验中心通过实物展示，让游客直观感受官厅民俗文化中所渗透的人文特色，体会历史与社会生活的密切关系，感悟文化的传承与变迁。在体验中心，通过导游对民俗文化的介绍，使游客对官厅本地的民族历史了解更加深入；通过官厅地区人民农业劳动的场景的复原和商铺场景的复原，让游客直观感受到官厅地区民俗文化的魅力。

第五章　燕山—太行山片区文化产业与精准扶贫融合发展策略之四：传统文化深度开掘

第一节　传统文化深度开掘与精准扶贫融合发展的理论探索

一、深度开掘传统文化，大力发展乡村旅游与精准扶贫融合发展的可行性分析

（一）传统文化增加乡村旅游魅力

只有深度开掘传统文化内涵，才能提升乡村旅游的吸引力和生命力。中国传统文化博大精深，并且是在乡土社会环境中孕育生长的，因而乡村文化蕴含了深厚的传统文化，包括饮食、服饰、特产等物质文化和婚丧、节庆、礼仪、娱乐、竞技等精神文化。乡村旅游以文化产品的方式对乡村传统文化进行全面的开发与挖掘，如果蔬采摘、饮食品尝、歌舞观赏、民俗体验、宗教活动以及民间体育等，涵盖乡村文化的各个层面，并且渗透于整个旅程的食、宿、游、购等各个环节。在乡村旅游的过程中，乡村文化的深厚底蕴会大大提升旅游产品的层次和品位，让游客身临其中，接受感染和熏陶，增加旅游活动的吸引力。

（二）乡村旅游振兴传统文化

乡村旅游能够将传统文化保留在原有的生态环境中。通过文旅小镇等的开发形式对传统文化加以保护和利用，这不仅挽救了一种文化，更保护和发展了一种文化。传统文化旅游为传统文化的复兴提供了一个良好的平台与机遇。传统文化旅游让游客置身在传统文化的特色和魅力中，不自觉地受到感染和陶冶，体会到传统与现代的差异，激发起保护传统文化的热情。优秀传统文化与乡村旅游有机结合，既促进优秀传统文化的保护和传承，也能提升乡村旅游的品位，从而吸引更多的游客。

二、深度开掘传统文化，促进乡村旅游与精准扶贫融合发展的政策支撑

从 2014 年至今，国务院、国家旅游局、国家发展改革委、国土资源部等部门陆续发布或联合发布了一系列的政策，涵盖乡村旅游、休闲农业、田园综合体以及农业 PPP（政府和社会资本合作）等诸多方面，为乡村扶贫旅游提供了支持和保障。

2014 年 8 月，国务院发布《关于促进旅游业改革发展的若干意见》，倡导大力发展乡村旅游。指出要："加强规划引导，提高组织化程度，规范乡村旅游开发建设，保持传统乡村风貌。加强乡村旅游精准扶贫，扎实推进乡村旅游富民工程，带动贫困地区脱贫致富。统筹利用惠农资金加强卫生、环保、道路等基础设施建设，完善乡村旅游服务体系。加强乡村旅游从业人员培训，鼓励旅游专业毕业生、专业志愿者、艺术和科技工作者驻村帮扶，为乡村旅游发展提供智力支持。"

2015 年 8 月，国务院办公厅印发《关于进一步促进旅游投资和消费的若干意见》，提出"实施乡村旅游提升计划，大力推进乡村旅游扶贫"，强调"加大对乡村旅游扶贫重点村的规划指导、专业培训、宣传推广力度，组织开展乡村旅游规划扶贫公益活动，对建档立卡贫困村实施整村扶持。到 2020 年，全国每年通过乡村旅游带动 200 万农村贫困人口脱贫致富；扶持6 000个旅游扶贫重点村开展乡村旅游，实现每个重点村乡村旅游年经营收入达到 100

万元”。

2015 年 9 月，农业部等十一部门发布《关于积极开发农业多种功能大力促进休闲农业发展的通知》，通知鼓励利用“四荒地”发展休闲农业，其建设用地指标给予倾斜。强调“在实行最严格的耕地保护制度的前提下，对农民就业增收带动作用大、发展前景好的休闲农业项目用地，各地要将其列入土地利用总体规划和年度计划优先安排。支持农民发展农家乐，闲置宅基地整理结余的建设用地可用于休闲农业”，“鼓励利用村内的集体建设用地发展休闲农业，支持有条件的农村开展城乡建设用地增减挂钩试点，发展休闲农业。鼓励利用‘四荒地’（荒山、荒沟、荒丘、荒滩）发展休闲农业，对中西部少数民族地区和集中连片特困地区利用‘四荒地’发展休闲农业，其建设用地指标给予倾斜。加快制定乡村居民利用自有住宅或者其他条件依法从事旅游经营的管理办法”。

2015 年 12 月，国土资源部、住房和城乡建设部、国家旅游局发布《关于支持旅游业发展用地政策的意见》，提出“积极保障旅游业发展用地，加强旅游业用地服务监管”。

国务院 2016 年中央一号文件，明确“大力发展休闲农业和乡村旅游”，提出要“强化规划引导，采取以奖代补、先建后补、财政贴息、设立产业投资基金等方式扶持休闲农业与乡村旅游业发展，积极扶持农民发展休闲旅游业合作社，引导和支持社会资本开发农民参与度高、受益面广的休闲旅游项目”，“加强乡村生态环境和文化遗存保护，发展具有历史记忆、地域特点、民族风情的特色小镇，建设一村一品、一村一景、一村一韵的魅力村庄和宜游宜养的森林景区。依据各地具体条件，有规划地开发休闲农庄、乡村酒店、特色民宿、自驾露营、户外运动等乡村休闲度假产品。实施休闲农业和乡村旅游提升工程、振兴中国传统手工艺计划”，“支持有条件的地方通过盘活农村闲置房屋、集体建设用地、‘四荒地’、可用林场和水面等资产资源发展休闲农业和乡村旅游。将休闲农业和乡村旅游项目建设用地纳入土地利用总体规划和年度计划合理安排”。

2016 年 3 月，发改委等七部门联合印发《关于金融助推脱贫攻坚的实施意见》，强调“精准对接特色产业、重点项目和重点地区等领域金融服务需求”，提出“各金融机构要立足贫困地区资源禀赋、产业特色，积极支持能吸收贫困人口就业、带动贫困人口增收的绿色生态种养业、经济林产业、林下经济、森林草原旅游、休闲农业、传统手工业、乡村旅游、农村电商等特色产业发展。有效对接特色农业基地、现代农业示范区、农业产业园区的金融需求，积极开展金融产品和服务方式创新”，“健全和完善区域信贷政策，在信贷资源配置、金融产品和服务方式创新、信贷管理权限设置等方面，对连片特困地区、革命老区、民族地区、边疆地区给予倾斜”。

2016 年 4 月，国家旅游局 120 亿元旅游基建基金申报项目启动，将乡村旅游、文化旅游、研学旅行、旅游小城镇等项目列为重点支持对象。国家旅游局规划财务司发布消息称，自 2015 年下半年国家将旅游项目纳入专项建设基金支持领域以来，首批 100 亿元专项建设基金已完成审核进入拨付程序，第二批 120 亿元建设基金的申报工作目前也正式启动。重点支持休闲度假旅游、乡村旅游、文化旅游、研学旅行、旅游小城镇和新产品、新业态项目。

2016 年 4 月，国家旅游局《全国旅游标准化发展规划》出台，提出到 2020 年，我国旅游国家标准将达 45 项以上，行业标准达 60 项以上，地方标准达 300 项以上，新建 200 个以上全国旅游标准化试点示范单位。旅游标准覆盖领域进一步拓宽，标准体系结构明显优化，标准之间协调性有效增强，适应和支撑现代旅游业发展的标准体系更加健全。

2016 年 9 月，国家旅游局等十二部门制定并印发《乡村旅游扶贫工程行动方案》，确定了乡村旅游扶贫工程的五大任务并提出了将实施乡村旅游扶贫八大行动。

2016 年 12 月，国务院印发《“十三五”脱贫攻坚规则》，在产业发展脱贫的规划中，提出了旅游扶贫的详细措施。具体包括：因地制宜发展乡村旅游、大力发展休闲农业、积极发展特色文化旅游等。

2017 年 2 月，国务院 2017 年中央一号文件提出“大力发展乡村休闲旅游产业，扎实推进脱贫攻坚”，指出要“充分发挥乡村各类物质与非物质资源富集的独特优势，利用‘旅游＋’‘生态＋’等模式，推进农业、林业与旅游、教育、文化、康养等产业深度融合”。

2017年5月，财政部、农业部联合下发《关于深入推进农业领域政府和社会资本合作的实施意见》，将农业田园综合体作为聚焦重点，推进农业领域PPP工作，支持有条件的乡村建设以农民合作社为主要载体，让农民充分参与和受益，集循环农业、创意农业、农事体验于一体的田园综合体。

2017年5月，农业部办公厅印发《关于推动落实休闲农业和乡村旅游发展政策的通知》，通知旨在促进引导休闲农业和乡村旅游持续健康发展，加快培育农业、农村经济发展新动能，壮大新产业、新业态、新模式，推进农村一二三产业融合发展。

2017年6月，农业部办公厅和中国农业发展银行办公室联合印发《关于政策性金融支持农村一二三产业融合发展的通知》，提出要支持农业多种功能开发，增加农村产业融合发展拓展力。

此外，2018年3月根据第十三届全国人民代表大会第一次会议批准的国务院机构改革方案设立中华人民共和国文化和旅游部。部委合并与整合，是国家战略思维的最直接的行动体现。文化是内容，旅游是场景，两者结合就是文旅运营。这表明，文旅融合观念和文旅运营思维已经成为国家层面的战略思维。当然，这里的“文化”是创造性转化、创新性发展的“文化产品”“文化服务”，而不是指仅仅有文化资源。

三、燕山—太行山片区深度开掘传统文化，大力发展乡村旅游与精准扶贫融合发展的策略探讨

燕山—太行山集中连片特困区位于曾经的燕赵之地，历史文化悠久，作为多种民族的往来交错之地，是中国文化的发源地之一。大多数村落至今仍保留着浓厚的传统生活方式，其建筑风格、陈列装饰、风俗民情仍然散发着浓郁的乡土气息，置身其中，给人静谧、轻松之感。当地许多村落拥有很多关于山、水、树的神话传说，神秘色彩强烈，具有很强的旅游吸引力。

（一）文旅产业+文化产业，产业化精准扶贫

产业是经济发展的基础，要实现精准扶贫，必须立足贫困地区的资源优

势，大力扶持贫困地区发展特色产业，坚持产业驱动，不断提升扶贫开发的“造血”功能。燕山—太行山片区群众脱贫致富实现全面小康的根本途径是发展产业。燕山—太行山片区拥有丰富的文化资源和自然景观资源，为此地开展文化旅游产业和文化创意产业奠定了基础。

燕山—太行山片区对接着京、津一线城市的旅游资源和广阔市场，只要规划得当，必然能取得良好的经济效益。燕山—太行山片区的脱贫攻坚要以深厚的文化底蕴为依托，发展传统文化旅游产业。并对文化资源进行深入挖掘，创造性地与文化创意产业融合，变文化资源优势为文化产业优势，走产业化精准扶贫的新道路。产业化的扶贫方式是“造血式”扶贫，可以有效带动贫困地区基础设施建设，是当地居民增收致富的新途径。“授人以鱼不如授人以渔。”“文化＋旅游”扶贫不是简单的、单方面的给钱、给物帮扶，而是开发当地的特色旅游资源，形成特色旅游产品，构建旅游产业链，吸引外部旅游消费市场，带动当地贫困人口就地参与旅游经营服务实现脱贫的开发式、产业化扶贫方式，因而具有明显的培育优势产业、增强发展能力的“造血”功能。产业化的精准扶贫是长期的、可持续的扶贫方式，使得贫困地区的经济达到良性循环。

（二）经济扶贫＋精神扶贫，全面化精准扶贫

推动传统文化旅游扶贫既是经济扶贫，也是精神文化扶贫。大量事实说明，贫困的根源很大程度上在于人口素质的贫乏和精神的困乏。“扶贫先扶智”，扶贫攻坚要把物质上扶贫与精神上扶贫结合起来，走出一条内生式精准扶贫道路，实现物质和精神的“双脱贫”。这条道路与党的十九大提出的乡村振兴战略也相吻合，为中国乡村可持续发展提供了重要启示。

文化旅游扶贫不仅送来财富，带来物质上的脱贫，更重要的是带来了村民文化素质的提高。燕山—太行山片区发展传统文化旅游业和文化创意产业，会带动当地村民增收致富，在经济上有效脱贫；另外，村民参与到旅游产业的链条中，通过素质培养、技能培训等方式，会在潜移默化中提升自己的文化水平和劳动技能。此外，实施文化旅游扶贫，也为贫困地区居民打开了一扇通向外部世界的大门。外界的新观念、新思维和现代化的生活方式，通过旅游渠道迅速涌入偏远的贫困地区，使当地千百年封闭、保守、落后的思想观念和生活方式迅速被洗礼、冲刷、淘汰、瓦解和替代。

（三）自然景观＋传统文化，生态化精准扶贫

燕山—太行山片区的贫困区县，拥有绿水青山、冰雪世界、历史文化遗迹、风俗民情等形态多样、种类齐全的旅游资源，也是脱贫攻坚、京津冀协同发展大背景下综合开发与生态保护的契合点。燕山—太行山片区的精准扶贫工作，要贯彻习近平总书记关于脱贫攻坚、生态文明建设的重要讲话精神，把脱贫攻坚与生态建设紧密结合起来，走出生态脱贫新路，把建设绿水青山的过程变成收获金山银山的过程。

第二节　满城抱阳山景区规划案例实证分析

抱阳山景区位于满城县城西 3 公里处，总规划面积约12 000亩（1 亩≈666.67 平方米），可用建设用地2 220.5亩。规划区域包括中华传统文化旅游核心板块、传统居住板块、山地太极养生公园板块、中草药种植基地板块、中华地景文化创意农业公园板块、抱阳共享农庄板块、抱阳百花园和中华传统文化创意产业区板块。景区南距省会石家庄 120 公里，北距北京 140 公里，东距保定市区 17 公里，北同易县接壤，南与清苑区毗邻，西和顺平交界，东连保定市区和徐水区，地处张石高速沿线，交通优势明显，自然资源、历史文化资源、产业资源都较丰富，这为抱阳山的发展奠定了基础。

一、发展战略分析

根据国家相关政策和战略的部署，课题组对满城抱阳山的发展规划进行了思考，形成如下判断：

判断一：文化自信已经成为国家战略，中华传统文化旅游成为必然趋势。

判断二：雄安新区设立，京津冀一体化、乡村振兴战略成为河北尤其是保定区域的主导发展战略，保定发展必须有效对接京津、雄安新区的发展和建设。

判断三：文化和旅游部成立，证明国家开始大力推动文旅项目的整合与发展，文化旅游产业将成为下个历史时期的领军产业之一。

二、区域资源分析

（一）自然资源分析

抱阳山景区位于满城县城西 3 公里处，属太行山东麓的余脉，抱阳山北峰为主峰，海拔 316.5 米，占地约 8 平方公里，自主峰两翼向西南和东南延伸，呈环山抱阳之势，故名抱阳山。因南山谷内“气暖山无雪，天寒树未秋”，草木葱郁，花香四溢，故又名“花阳山”。抱阳山山势雄伟、景色绮丽，为一方灵秀，于 1998 年被河北省政府确定为省级风景名胜区。

抱阳山山上一步一景，山下柿林如海、桃李缤纷，青山、绿水、碧树、幽林浑然一体，共同绘就一幅美丽画卷。

（二）产业资源分析

抱阳山目前仍是以农业为基础，经济稳步发展。主要以小麦、玉米、小杂粮种植等为主，同步发展林果业与畜牧业。现代农业较快发展，“果、蔬、畜”三大主导产业全面推进，生产连年丰收。

工业经济实力增强。现有生活用纸原纸生产与加工综合性企业、单独加工企业 200 余家，创建省级名牌奖项 24 个，正在致力建立集 CBD（中央商务区）办公、科技研发、复卷加工、展示展销、电子商务、仓储物流、质量检验检测于一体的中国纸都科技创新创业产业园。

抱阳山本身旅游资源基础好，自然资源得天独厚，旅游品牌具有一定知名度。依托雄安新区，抱阳山拥有良好区位优势，也拥有了巨大的客源市场，加上人文民俗积淀深厚，所以旅游发展潜力较大。这有利于旅游服务业为主导的第三产业加速崛起，并带动产业整体上档升级。

（三）历史文化资源分析

抱阳山因山势奇伟，吸引了历代文人墨客登临游览，留下了大量的诗词题咏。元代学士刘因曾题诗曰：“下瞰悬崖老木稠，轻风毛发散凉秋。苍苔白石梦初觉，霎月疏云山欲流。”元代学士郝经曾题诗曰：“屏颜苍玉抱幽村，突兀双龙窟宅尊。回首万山东尽处，冷烟平远半乾坤。”清代协办大学士纪晓岚，在自己的著作中，也写下了一段关于抱阳山的文字，极富灵性：“从侄虞惇，甲辰闰三月，官满城教谕时，其同官戴君邀游抱阳山，戴携彭刘二生，从山前往，虞惇偕弟汝侨、子树璟及金刘二生，由山后观牛角洞、仙人室诸胜。方升山麓……”历史上抱阳山寺院踪迹遍布，唐代燕国公张说修建的石堰、石床、石窟和盘山古道至今保存完好。

此外，抱阳山逢景有典。

一亩石：约亩许，古人有诗赞曰：“论石不喜平，此独平可喜。夜半月明来，一片似秋水。”

百步廊：壁如刀削，顶如华盖。古人诗赞曰：“山骨何年壁作廊，鬼工直欲逼阿房，白云归壑秋含雨，明月窥岩晚带霜。”

托山树：一古檀生于悬崖之上，顶端突出一巨石，似一树托撑欲坠之山。

滴水塘：又称乳泉塘，似两乳溢奶，滴水成塘，久旱不枯。

出云洞：又称牛角洞，洞中常年滴水，时有云雾涌出。

读书堂：为天然石洞，堂前荆盘藤绕，岚气升腾，壁间刻有“大唐张燕公读书处”八个篆书大字。

上天梯：为天然石阶，顺山势攀缘而上，极为陡峭。古人有诗题咏：“独上上天梯，一级穷一胜。却笑终南山，别有梯荣径。”

明珠窝：镶嵌于峭壁之上，凹滑润泽，晶莹剔透。传说是一只蜘蛛千年修炼的地方。蜘蛛因拯救当地百姓而违背天意，遭雷轰电击，此地便留下了一个光滑而又洼陷的窝。为了雅气，后人改虫字旁蛛为王字旁珠。

满城的抱阳山是座钟灵奇秀的名山，曾有许多生动有趣的故事流传民间。金代元好问《续夷坚志》记载了一则《抱阳二龙》故事。据说，当年的抱阳山有一座远近闻名的寺院，名曰宝教院。这宝教院依山而建，在寺后的潭水中，住着大小两条青龙，人称大青、二青。这两条青龙各长二三尺，通身翠绿，并间有红、黑细点。据说，它们能兴云作雨，变化莫测，因而被称为“神龙”。

抱阳山人文底蕴深厚，拥有中国最早的四座书院之一——花阳山书院。邓洪波在《中国书院史》中说满城抱阳山远在唐朝确有“张说书院”。张说书院，或曰花阳山书院，是中国最早的四座书院之一。书院由张说创建，是其读书、藏书之所。书院一词出现于唐代，唐玄宗开元年间设置丽正书院，后更名集贤殿书院。起初书院负责图书搜集、整理与收藏。一些私人读书、藏书处也称书院，随之也就有了讲学活动。到了宋代，以讲学为主的书院，得到大发展。源头的张说书院与清代莲池书院，前后遥相呼应，装点了中国书院的辉煌历史。

三、规划策略

（一）目标愿景

综合运用国医、国药、国艺、国画、国礼元素，使中华民族传统生活元素在“抱阳·华章”项目中全面复兴，并复建花阳山书院。以传统文化理念打造文旅园区，形成文化＋旅游、文化＋经济的战略产业，站在新时代的历史方位，回应党的十九大发出的“铸就中华文化新辉煌”召唤。

“抱阳·华章”将成为中国乡村振兴战略的践行者、中华传统文化旅游特色风情小镇、中华传统文化全面复兴示范区。

（二）区域规划

1. 策略＋定位

针对现有规划区域自然和人文元素进行充分整合、创意规划建设，实现自然空间、生活空间结构均衡设计，满足人们休闲娱乐、生态居住和健康生活等多样化诉求。

（1）健康理念：健康颐和，身心俱佳——自然生态景观文化旅游。

人，是万物之灵，生来就追求精神与身体两种层面的生活方式。健康更是对身体和精神两个层面最佳状态的探索，身体与精神的健康已经成为现代人最重要的追求之一。现代养生学者宋一夫率先提出“养生之前必先修心”的理论，身体康养和心理解压也成为当代人研究的重要理论课题。我们倡导身、心两方面的健康理念，从功能配套与理念挖掘上都坚持“健康”的主题。

（2）生态理念：田园雅居，山木环绕——产居融合文化旅游小镇。

健康、美丽、和谐的生态居住环境是现代人的追求，俗话说“仁者乐山”，山能够使人平和心性、开阔心胸、抛却烦恼。田园雅士的生活状态是自古以来人们向往的宁静生活状态，与山为友，田野环抱；与天同乐，碧野蓝天。人生有长短，山却无尽头，置身田园，爱上生活，这也是本规划方案所寄寓的“希望”。

（3）文化理念：传统文化，康养旅游，国际理念，本土种植——地方文化名片集中展示。

修身养性是每一个注重健康的人所要做的，养生包括“食养、药养、水养、文养、气养”等，因此，在项目规划中，整合本土自然和人文资源，发展具有地方特色生态人文景观，结合智能“医养结合”的理念；此外，采取恰当措施吸引国际化高学历人才入住，并结合相应的旅游业态，打造能够全面展示地方特色的文化名片。

2. 功能划分

整个区域划分为四大板块，分别是：中华传统文化旅游核心板块、抱阳山文化风景保护板块、国医康养及国艺文创产业板块、新型农业发展板块。每个板块各具特色，承载不同的功能，形成强大的吸引合力。

3. 产业规划

打造核心吸引中心，复建花阳山书院创造核心吸引力基石，建立中华传统文化旅游区。构建休闲聚集中心，形成新的具有抱阳山特色的综合性文化旅游景区，留住游客并成为扩大游客消费的载体。创建延伸发展中心，延伸发展国医康养产业、故宫博物院衍生品文化创意产业。

（1）发展布局。

秉持“两轴两带”发展布局，即文旅产业发展轴、特色文化产业发展轴、抱阳山风景区发展带、抱阳新型农业发展带。分三期进行建设，打造产城融合的新项目，力求将满城抱阳山打造成中国首个中华传统文化乡村振兴文旅示范区。

（2）产业定位及架构。

第一部分：产业建设——中华传统文化创意产业＋中华传统文化旅游产业

①抱阳山文化挖掘。

抱阳山儒释交融，花阳山书院是中国最早的四座书院之一；抱阳山寺哺育了张说，张说兴旺了抱阳山佛教。此外，道家文化在抱阳山文化中也占有相当的比重。因此，对抱阳山的文化底蕴可以进行深度挖掘。

②传统文化创意开发。

观念的变革与产业的力量，让传统文化有了更火热的传播方式。开发抱阳山文化创意产品，同时可以利用区位优势尝试与故宫合作开发故宫文创产品，用新手段讲好中国故事，丰富文化形象。

③文化旅游项目。

抱阳山名胜古迹繁多，寺院踪迹遍布。山腰有隋代宝教院，山顶有碑林，峰顶有华严寺山门，再结合抱阳山文化和中华传统文化创意产业打造文旅产业核心，最终可以打造一个中华传统国学文化旅游度假示范区。

④文旅项目产业化。

拓展抱阳山文旅共享经济，利用好旅游服务平台的大数据和入口导流，与文旅关联企业建好合作关系。

第二部分：乡村建设——乡村振兴＋京津冀协同发展

①改善人居环境。

将乡村战略和打造文化旅游景区相结合，改善农村居住环境，建立现代化的抱阳新村，促进文化旅游产业的发展，同时能反过来促进景区发展，有助于抱阳山传统文化的传播。

②经济整合，农业转型。

促进地区经济的整合，给农村更多的就业机会，加快农村基础建设改造步伐，提高村民各方面的能力。

③带动服务业。

促进地区生产性服务业、生活性服务业、公共服务业及教育、医疗卫生、公共服务管理、城市建设管理、餐饮业等的联动发展。

四、项目设计

（一）中华传统文化旅游核心板块

中华传统文化旅游核心板块以传统文化理念打造文旅园区，形成文化＋旅游、文化＋经济的战略产业，站在新时代的历史方位，回应党的十九大发出的“铸就中华文化新辉煌”召唤。

产业业态：文化产业＋旅游产业。

功能定位：文化展示、文化体验、互动交流、游览体验。

风貌呈现：恢复传统建筑风貌，复兴传统文化。将抱阳打造为承载文化、充满人文气息的小镇。

特色项目：抱阳文化会馆、禅茶舍、国礼文化休闲街（福禄寿喜财坊）、荣宝斋国画艺术村、中华传统旅游科技体验园、抱阳红色文化公园、抱阳山居民宿度假区。

1. 抱阳文化会馆

抱阳文化会馆以抱阳文化为主体，主要有抱阳文化展示馆、演艺区、VIP（贵宾）休闲区、商业休息区、后勤服务区等区域，是集汉代建筑精华与古典园林景观为一体的大型复古建筑群，功能为旅游观光、休闲娱乐、弘扬抱阳文化、完善城市功能。项目定位是抱阳文化核心地标、抱阳文化展示中心。

抱阳文化展示馆集中展示抱阳从古代到现代的历史文化，定位为提升城市文化品位、展示抱阳未来宏伟蓝图、宣传城市美好形象的重要阵地，是展示抱阳地域的历史变迁、发展现状和规划远景的重要窗口，是对外宣传的重要载体以及介绍抱阳发展全貌的重要平台，是一个全方位、多角度展现抱阳历史、经济、文化建设成果的综合平台。

2. 禅茶舍

禅茶文化是中国茶文化的重要组成部分。茶园禅舍以供人饮茶阅读为主，通过吃茶的全过程体悟禅法。以茶喻禅，以茶行禅，以茶悟禅，以茶参禅。

3. 国礼文化休闲街

五条商业街主线分别以福坊、禄坊、寿坊、喜坊、财坊命名，将中国国礼文化融入其中，打造传统建筑特色街区。

4. 荣宝斋国画艺术村

荣宝斋画院是以世界驰名的、代表中华民族传统文化的优秀品牌“荣宝斋”为基石，服务现在和面向未来的高起点、多功能、现代化的新型画院。

建立以荣宝斋画院为主体的美术馆、大师工坊，将荣宝斋国画艺术村作为抱阳山独特的文化品牌进行打造，不仅为村民创造了具有浓厚文化氛围的生活环境，还为村民及外来人员提供大量的就业机会。

5. 中华传统旅游科技体验园

汇聚各地区、各民族的传统旅游资源，展示丰富内容，将中国传统元素以交互形式体现，融合“科技＋文化旅游”理念，采用全新的信息整合方式，提供游戏化、趣味化的互动体验，为游客带来愉悦感，帮助游客感受祖国各地传统景观和传统文化。

6. 抱阳红色文化公园

抱阳红色文化公园位于抱阳烈士陵园处，项目弱化烈士陵园和山后公墓的视觉效果，让游客在公园中接触自然的同时感受抱阳的历史文化内涵以及革命历史、事迹、精神。

7. 抱阳山居民宿度假区

智者乐水，仁者乐山。度假的最佳待遇，就是把山水景致同时拥揽入怀。客房错落在山谷中，推开窗便是满目新绿的山色，房间采用木结构和中式装修风格，给人耳目一新的感觉。

（二）抱阳山文化风景保护板块

产业业态：文化产业＋旅游产业。

功能定位：抱阳山文化展示、抱阳山风景区。

风貌呈现：打造传统建筑风貌，复建花阳山书院，维护抱阳山原有的自然景观。

特色项目：花阳山书院、张燕公祠堂、花阳山书院文化公园、学员公寓、抱阳山文化广场、诗语山径、抱阳光华——大型山体实景灯光秀、山地太极养生公园。

1. 花阳山书院

复建花阳山书院，使其成为保定乃至京津冀区域内弘扬传统文化国学的示范基地。

2. 张燕公祠堂

建设张燕公祠堂主要为祭祀花阳山书院开辟者张说，以纪念其在抱阳山及保定周边文化建设上做出的巨大贡献。

3. 花阳山书院文化公园

花阳山书院文化公园与花阳山书院相搭配，二者相得益彰。

4. 学员公寓

建造学生公寓为学生提供良好的住宿环境，相关配套附属设施由花阳山书院学院统一管理。

5. 抱阳山文化广场

广场以文化为载体，让游客真正融入其中，体验抱阳文化。

6. 诗语山径

打造充满特色的古诗文化走廊，让游客漫步其中，循着古人的足迹，体验传统诗歌的魅力，获得心灵的涤荡。

7. 抱阳光华——大型山体实景灯光秀

抱阳光华的设置，旨在提升夜间旅游的精彩亮点，呈现出现代景区的新名片。通过声、光、电的结合，呈现精彩缤纷或如梦如幻的旅游场景。户外投影灯，将精彩的场景、光效与景区的山体及景观相结合，给人不一样的视觉体验；户外舞台灯光秀与投影灯相结合，呈现壮观的书卷气画面，形成旅游景点最有吸引力的焦点。

8. 山地太极养生公园

公园结合太极精髓，合理规划场地结构，利用深入浅出的设计语言阐述太极文化，以良好生态环境和多样化景观为基础，以太极文化的科普宣教、广场功能利用，形成太极山地户外运动场地。

（三）国医康养及国艺文创产业板块

1. 抱阳国医康养园

产业业态：国医康养产业。

功能定位：健康产业、康养产业。

风貌呈现：以国家级中医医疗资源为基础，结合抱阳山优良的自然生态环境，打造现代国医康养产业。该项目分为养生养老、健康医疗和休闲度假三大主题，包括国医健康服务中心、护理养老中心、国医智能康养公寓等，其间还设置了3.5万平方米规模的老年大学颐养学院。该项目集聚六大功能区块，是一座国内功能齐备、设施先进、模式丰富、规模庞大的复合休闲健康养老主题园区，是“健康医疗＋养生养老＋休闲度假”的全新养老地产模式。

特色项目：中医康复理疗中心、中医理疗区、国医健康服务中心、颐养学院、国医智能康养公寓、抱阳养生度假别墅。

2. 国艺文创产业板块（抱阳·故宫衍生品创意产业区）

产业业态：文化产业＋创意产业。

功能定位：故宫衍生品创意设计和制造、传统文化研究保护开发。

风貌呈现：以中式建筑为基础，引入数字技术，延伸传统文化创意产业链条，提高传统文创产品的质量，赋予产品新的呈现形式和商机。

特色项目：故宫文化创意衍生品设计研究院、故宫红木衍生品制作研发中心、故宫瓷器衍生品制作研发中心、故宫丝织衍生品制作研发中心、故宫衍生品抱阳艺展中心、衍生品制造产业园、衍生品储运区。

（四）新型农业发展板块

产业业态：创意农业、旅游农业。

功能定位：具有观赏性、艺术性、文化性。

风貌呈现：建设抱阳山新型农业发展板块，发展观光、休闲、旅游为一体的新型农业生产经营形态。深度开发农业资源潜力，调整农业结构，改善农业环境，增加农民收入。因地制宜发展新型农业，大力推进农业产业化经营，形成产业集群，提高农业综合效益。实现“绿水青山”与“金山银山”

的有机融合。

特色项目：抱阳共享农庄、抱阳音乐花海、中华地景文化创意农业公园、北京大学中医院满城中草药种植基地。

1. 抱阳共享农庄

产业业态：创意农业。

功能定位：具有观赏性、艺术性、文化性。

风貌呈现：抱阳山在统一规划下小规模、创新性发展农庄经济，逐步实现农民增收与科技导入、城乡交流融合。同时共享农庄以绿色蔬菜艺术为主题，以健康饮食、绿色保健为概念，集休闲娱乐、观光旅游、科普教育、身心调节为一体，立足于向游客推广蔬菜艺术。

特色项目：乐天共享农庄、盒子蔬菜花园、中华农耕文化园。

2. 抱阳音乐花海

产业业态：文创产业、旅游观光业。

功能定位：花草种植、观光基地。

风貌呈现：在观光旅游业发展迅速的今天，抱阳山根据自身的资源和地理位置的优势，进行花卉的种植，形成集观光与商业售卖于一体的花海风貌，为游客提供观光资源的同时，促进当地经济的发展。

特色项目：花海音乐节、音乐工坊、花海音乐剧场。

3. 中华地景文化创意农业公园

产业业态：文化创意、艺术会展、艺术旅游、艺术消费、文化教育。

功能定位：创新艺术旅游目的地、艺术展示与消费区、文化教育。

风貌呈现：公园具备地景观赏、艺术家作品展示功能与价值，可以使艺术创作、自然环境相辅相成，让艺术装点自然风景，对其润饰，在不失大自然原来面目的前提之下，使景观更加别致、富有特色。

特色项目：抱阳八景地景观赏区、中华传统文化作品展示区。

4. 北京大学中医院满城中草药种植基地

产业业态：中药经济产业、旅游业。

功能定位：中草药种植、中药展示与宣传。

风貌呈现：根据市场需要，按照集约化、企业化、市场化、商品化的经营模式，定向建设中草药种植基地板块，扶持当地龙头企业，使中草药种植基地建设成为有数量、有质量、有效益的新型产业。同时将企业和中草药科普与展示相结合，对中医药文化进行传承与发扬。

特色项目：北京大学中医院满城中草药种植基地、物流配送区。

第六章　燕山—太行山片区文化产业与精准扶贫融合发展策略之五：“互联网＋”让深山大川的产品插上翅膀

第一节　“互联网＋”战略与精准扶贫融合发展的理论探索

随着“互联网＋”与农业相结合的深入发展，电商扶贫这个词逐渐出现在大众眼前。电商扶贫以农民真正的收入增长为目标，与旅游、农产品、金融等其他精准扶贫措施相结合，不断提升农民自身脱贫致富能力和素质。既能提高贫困户生产经营能力，注重和加快贫困地区电商人才的培养，发挥领导干部的积极带头作用，又可以充分发挥政府、企业、平台的扶贫功能，有针对性地开展扶贫工作，吸引农民参与到电子商务的经营和学习中来，帮助农民采用互联网的思路销售农产品，加强引导农民参与到电商产业中来，不断提高农民收入，从而达到扶贫、脱贫效果。“发展农村电商是实施‘互联网＋精准扶贫’工程的重要手段，不仅能有效解决市场与农户之间的信息不对称难题，而且能够提高农产品物流配送效率，降低农业经营风险和农产品交易成本，加快农村精准扶贫进程”①。

一、国家政策的支持

近年来，国家发布了一系列与“互联网＋”有关的扶贫政策，这些政策支持极大地推动了扶贫工作的展开。2015 年 11 月国务院办公厅发布的《关于促进农村电子商务加快发展的指导意见》指出，要加快农村电子商务发展，将电商与实体店铺相结合，释放实体经济与互联网产生的叠加效应。② 2015 年 11 月，中共中央、国务院颁布了《中共中央、国务院关于打赢脱贫攻坚战的决定》，明确提出要实施精准扶贫战略，大力发展农村电商。2017 年 7 月，国务院扶贫办在新闻发布会上再一次强调，“‘互联网＋’社会扶贫是推进扶贫工作的有效手段，要让电商扶贫成为精准扶贫的有力措施”。由此可见，“互联网＋”与农业相结合对国家扶贫工作的开展具有重要意义，也为贫困的偏远地区脱贫提供了新思路。

二、“互联网＋”电商扶贫的内涵

关于电商扶贫的内涵，学界有很多观点，大致可分为：

（1）扶贫开发说。

电商扶贫提出者汪向东指出，“电商扶贫就是将互联网时代日益主流化的电子商务纳入扶贫开发工作体系，使其作用于贫困群体，创新扶贫开发工作的模式，从理念与实践角度改进扶贫开发的绩效”③。

（2）开办网店说。

开办网店说的主要内涵是，在政府、企业及社会扶贫群体的帮助下，农村困难群体通过开办网店等电子商务的方式增加收入，最终达到减贫、脱贫

① 周峰.“互联网＋精准扶贫”导向的农村电商扶贫刍议［J］.农业部管理干部学院学报，2017（03）：38-40.

② 祝君红.精准扶贫战略下农村电商扶贫的对策研究［J］.电子商务，2017（01）：30-31.

③ 汪向东，王昕天.电子商务与信息扶贫：互联网时代扶贫工作的新特点［J］.西北农林科技大学学报（社会科学版），2015（04）：98-104.

的实践活动。

(3) 扶贫模式说。

顾一娴认为，“电商扶贫就是借助电子商务，促进贫困群体网络创业及通过网络进行消费，推动贫困地区特色产品销售、降低销售成本的一种信息化扶贫模式”①。

(4) 商贸活动和公共服务说。

电商扶贫是将互联网为代表的现代信息通信技术与贫困地区、贫困群众的商贸活动和公共服务相融合，推动贫困地区产业创新和转型升级，帮助贫困群众创业增收，提升贫困群众生活质量。

不管是哪种观点，都强调其是通过运用互联网技术，以电商平台为依托对农村资源进行整合输出，这样有利于消除农户与市场信息的不对称性，提高物流的配送效率，也能更好地实践国家的扶贫政策以及增加农民收入。

三、“互联网＋”农村电商的扶贫效应分析

发展农村电商是实施“互联网＋精准扶贫”工程的重要手段，不仅能有效解决市场与农户之间的信息不对称难题，而且能够提高农产品物流配送效率，降低农业经营风险和农产品交易成本，加快农村精准扶贫进程②。

（一）增加家庭收入

农村电商的飞速发展和完善，最直接的效用就是能够增加农民的家庭收入，这是最直接也是最实际的结果。具体表现在：农民可以通过电商平台，如淘宝、京东、微店等，直接从事农产品的在线销售，不仅可以提高农产品的销售总量，还可以取得比线下更高的销售价格，久而久之，就可以增加收入。对于没有能力自主经营的农户，可以将自家的产品交给其他电商主体进行销售，解决了农产品销售的滞后性问题，能够增加销售量。

---

① 王全春，周铝，龙蔚，等. 我国农村电商扶贫研究述评 [J]. 电子商务，2017 (03)：22-23.

② 周峰. “互联网＋精准扶贫”导向的农村电商扶贫刍议 [J]. 农业部管理干部学院学报，2017 (03)：38-40.

（二）提高经营能力

在“互联网+”政策普及背景下，通过农村电商平台的搭建和经营，农民在享受到电商带来的经济利益之后会更加热衷于电商经营的学习和探索，如此一来也能够吸引更多的农民参与其中，驱动他们去学习和电商经营相关的技术和知识，带动他们更多地与外界进行交流。随着农村电商的发展，农户有可能主动提高生产技术、扩大生产规模、优化营销技巧，以便获得更多的市场机会。农村电商扶贫将促使贫困农户不断提升自身发展能力，提升脱贫致富的能力，也有助于扶贫工作的进行。

（三）降低交易成本

农村发展电商的根本目的是为了增加农民的经济收益。电商平台与传统线下的售卖相比，最大的优势在于能够降低交易成本。在过去传统的售卖过程中，人力、房屋租赁、运营成本都要计算在内，而如今的电商平台可以精简交易成本，获得最大化的收益。

四、“互联网+”电商扶贫的意义

（一）电商扶贫能够引导农民与市场对接

“贫困的本质是贫困群体进入市场的能力不足，扶贫就是要提升贫困群体进入市场的能力。”① 电商扶贫的优势是能够使得收益直接为农民所有，为农民进入市场提供宝贵的机会。电商能够在经济落后的地区激发新的市场需求，有助于贫困地区的经济发展与脱贫工作的展开。

（二）电商扶贫能够实现贫困地区迅速致富

利用互联网技术可以加速贫困地区的脱贫致富进程。电子商务平台能够将贫困地区的特色农产品通过网络销售到全国各地乃至全世界，减少人力成本以及中间的复杂环节，增加该地区的经济收入。发展电子商务可以大范围整合供应商、物流、资金等市场资源，缩短农民致富时间。

---

① 王全春，周铝，龙蔚，等. 我国农村电商扶贫研究述评［J］. 电子商务，2017（03）：22-23.

（三）电商扶贫帮助贫困地区找到产业化扶贫路径

电商扶贫突破时空、信息、市场限制，让产业直接面对全市、全省、全国乃至全球的市场，为摆脱贫困找到了一条可持续市场化的产业发展道路，解决了扶贫最关键的产业问题，从根本上解决了从“输血”到“造血”的过渡问题①。

第二节　阜平县“互联网＋”战略实施方案规划设计案例实证分析

自2015年3月5日李克强总理在政府工作报告中首次提出“互联网＋”行动计划以来，关于“互联网＋农业”讨论热度一直未减。王文生认为，“‘互联网＋农业’是移动互联网、大数据、云计算、物联网等新一代信息技术与农业的跨界融合，创新基于互联网平台的现代农业新产品、新模式与新业态。以‘互联网＋农业’驱动，努力打造‘信息支撑、管理协同，产出高效、产品安全，资源节约、环境友好’的我国现代农业发展的升级版”。② 阜平县深入贯彻国家电商扶贫的政策号召，将“互联网＋”与当地绿色农产品、得天独厚的旅游资源等相结合开展扶贫工作。

一、互联网＋特色农产品

（一）项目背景

从传统的农耕到现代农业，在人类几千年的农业文明史上，生产者每一次对先进技术的掌握以及先进生产工具的使用，从来都被视作整个人类社会发生巨大进步的标志。农业、林果业、畜牧养殖业是阜平县主要经济支柱之一，如何利用现代科技为阜平县经济社会发展服务成为阜平县精准扶贫工作

① 李鲁云，康念福，潘利，等. 互联网时代电商扶贫致富大有可为［J］. 广东经济，2015（01）：24-27.

② 赵芝俊，陈耀. “互联网＋农业”理论、实践与政策：2015年中国技术经济学会农业技术经济分会年会综述［J］. 农业技术经济，2015（11）：126-128.

面临的重大课题。

随着经济社会建设的发展，阜平县域农业生产急需通过科技手段转变生产方式、提升农业科技水平。本方案以“智慧农业”为主题，以“食品安全、品牌建设”为核心，结合阜平县现状，战略性地提出了农业信息化建设的“一个中心、四个平台”规划。

（二）项目目标

以政府为主导，在区域内实现传统农业向现代农业转型，实现现代农业向“智慧农业”升级，打造具有地方特色的“智慧农业”先行区和样板区。

土地集约化、劳动力短缺、劳动力成本上升以及设施农业的发展，使得农业智能化成为现实需求和发展趋势。本方案通过物联网平台的建设与应用，使政府能够更加高效、合理、有针对性地使用农业科技扶持资金，带动、推动企业及合作社的信息化、智能化发展。

食品安全问题日渐突出，“卖菜的不敢吃自己的菜，卖肉的不敢吃自家的肉”“贴上有机、绿色、生态的标签，就卖出几倍的价钱”，以至“农超对接、农校对接、基地直供”等非常态模式流行。本方案以“安全检测、品牌构建、防伪打假”为核心创意理念。

传统农业流通模式使得大多数单纯的农业生产单位丧失市场定价权，长期处于微利状态，“种地不挣钱，吃饭靠政府”的现象不改变，现代农业的发展就是空谈。本方案意在通过阜平县政府牵头组织，构建区域性电子商务平台和生产计划管理系统，帮助具备优质农产品的企业、合作社上网直接面向消费者。一方面，通过各类互联网平台，建设O2O（线上到线下）同城配送体系。另一方面，对接淘宝、天猫、京东、1号店、1688等，实现优质农产品的网上电子商务应用以及大宗商品销售。

金融服务创新是国家政策重点扶持的方向，而如何有效地解决农业企业合作社融资难的问题是扶贫地区产业发展的现实难题。本方案通过P2P（个人对个人）融资服务平台的建设，以质量安全追溯系统、电子商务平台和生产计划管理系统的数据为融资的基础审核数据，帮助农业企业、合作社解决融资困难问题的同时，让消费者不但成为产品的购买者，也成为产品的投资者。

本方案通过建设智慧农业综合服务平台的共享数据交换中心，实现平台各系统的统一用户管理，提高客户端和管理端的用户体验。同时，实现平台各系统的数据交换和数据共享，未来可进一步实现大数据应用，如生态环境分析、农业视频数据分析、农产品市场行情分析、农产品市场销售分析等。

（三）解决方案

关于如何建立智慧农业新生态，阜平县提出了“一个中心、四个平台”的解决方案。通过建立和完善示范区技术支撑体系、示范区管理体系、示范区服务体系，建设智慧农业综合服务平台和农业物联网科技应用示范基地，从而打造覆盖示范区农业生产经营、管理、服务的全新的数字化、信息化、智能化服务模式，提升示范区农业精准生产技术水平，提高各类农业资源利用效率，打造食品安全及绿色农业产业链，实现现代农业的跨越式发展战略。

智慧农业综合解决方案利用物联网、云计算技术，构建现代农业示范区综合服务体系，以“管理与服务”为两大核心需求，打通农业生产、流通、销售的各相关环节，建立农业共享数据中心，实现农业物联网、质量安全追溯、农业电子商务和农业金融融资服务，打造智慧农业服务典范。

一个中心：“智慧农业”物联网数据中心。

建设农业物联网数据中心，构建远程服务、监管、调度、智慧决策的农业现代化管理平台，实现各农业企业物联网应用统一接入和管理，实现农田信息的自动采集和自动化灌溉，实时监测区域内的农业环境；构建物联网检测数据中心，将全县范围的企业信息、环境检测信息、视频监控信息等统一集中管理。以大田种植、林果种植、水产养殖、畜牧养殖为主要实施对象，分阶段完成典型代表企业、合作社的物联网示范建设。各示范基地实现环境信息采集、智能节水灌溉、微型气象站监测、可视化视频监控等功能。

平台一：“智慧农业”监管平台（质量安全追溯网）。

建立农产品质量安全监管与追溯系统，最终实现“安全可预警、源头可追溯、流向可跟踪、信息可查询、责任可认定、产品可召回”的信息化、网络化、立体化、智能化的质量安全监管网。建设安全保障体系和标准规范体系，为社会提供食品安全“保护伞”，为企业树立品牌“千里眼”，为消费者搭建一座农产品安全“防火墙”。

平台二：“智慧农业”电子商务销售与 ERP（企业资源计划）平台电子商务网。

电子商务网是农业管理者为农业企业、合作社等涉农服务所构建的“网上交易、线下配送”的产销对接模式创新服务平台，打造涉农企业的网上批发市场和专卖店。帮助农业企业、农户、农业合作社拓宽销售渠道，致力于为涉农单位打造网上可信的商贸圈，并与质量安全追溯网、农业物联网进行对接，实现可追溯的品牌电子商务；与融资平台对接助力涉农企业、合作社的商贸服务。

平台三：“智慧农业”信息服务平台。

建设“智慧农业”信息服务平台，面向市、县全域，全力打造信息资源共享、区域资源动态监测、企业信息在线管理、领导决策有据可依的智慧农业产业信息管理系统。

平台四：“智慧农业”金融融资服务平台。

整合银行、金融机构、社会力量以及政府部门建设网络融资平台，畅通融资渠道，进一步解决农户生产、经营资金贷款融资难的问题，为农户融资提供可靠的网络渠道，为投资机构及个人提供可靠的、有担保的、较低风险的新兴农业投资渠道。从项目运营公司的角度来说，对申请融资的组织或个人进行资信审查，并对融资者和投资者双方进行资质审查，并向双方提供担保；从农业企业、农业合作社、农户的角度来说，通过融资平台上传资信证明、项目介绍、融资需求、抵押证明等内容；从投资机构、投资个人的角度来说，通过融资平台注入资金，并通过第三方担保的方式将资金注入感兴趣的项目，并支持通过众筹的方式对项目进行投资。平台可实现与电子商务平台、农产品质量安全追溯平台、物联网平台的数据互通和数据共享，为贷款人的资信审核提供数据基础。

（四）产业模式

1. 经典案例

瑞典罗森戴尔庄园中面积最大的是一个以种植蔬菜为主的生物动力农场，

同时农场还配有不同功能的生态空间：玫瑰园、葡萄园、暖房、自助餐厅、有机商店、面包坊、花圃、苹果园等。罗森戴尔农场是根据人类智慧学体系而建立的生物动力农业示范基地。

生物动力农业是世界有机农业中最高级的农耕形式，完全不使用化肥、农药与转基因技术，而是极端注重品质，融汇天地万物、土壤与动植物的内在能量、自然动力与康复能力，探索出了一整套依靠自然生物动力来从事农牧生产的农耕法。在收获之后，通过自然堆肥的方式把农作物的废弃物返回土壤，使土壤具有可持续的肥力与活力。

除了通过农场来展示生物动力农耕模式之外，罗森戴尔庄园还举办各种培训与报告，也是瑞典斯德哥尔摩著名的乡村生态游览地。此外，罗森戴尔庄园还举办关于环保、园艺、有机烹调与庭院艺术等方面的各种展览。罗森戴尔庄园还有许多特色，这里有一个古董级的苹果园，种植了几百棵树龄高达 150 多年的苹果树，现在这个苹果树林成了一个受人欢迎的露天餐厅，每棵苹果树都是一个天然的“绿色包间”。罗森戴尔庄园还有一个古董玫瑰园，这个昔日的皇家花园中栽种着 100 多个品种的稀有玫瑰。而葡萄园、菜园与暖房出产种类丰富的蔬菜、水果、香草、盆栽植物，这些纯有机的高品质农副产品既可以在庄园的有机商店与庭院商店中出售，也可以作为农场有机餐厅的食材。有机餐厅可以为来访的宾客提供不含任何添加剂的咖啡、茶、面点以及清淡的午餐。这里的古法面包房使用有机面粉，用木柴与石质烤箱烘烤面包、派、饼干与蛋糕；来宾既可以从有机商店购买，也可以在有机餐厅品尝。

2. 阜平县高端“有机农场”建设方案

目标定位：全球定制化有机农场。

实施方案：面向全国公开招募会员，联合淘宝网“众筹”栏目共同发起。

消费众筹运营模式：普通消费者每天仅需支付 10 元钱就可以成为有机农场的主人，并且享受来自阜平有机农场的高品质、安全营养的特色农产品。

建设目标：与淘宝网“众筹”栏目联合，借助众筹的力量，对中国高端农业模式进行一次有益尝试，以期走出一条成功的高端农业之路。

（五）设备应用

高端“有机农场”建设方案的实施离不开科学技术的运用。譬如，农用无人直升机、核心传感器与检测设备的应用等。以植保直升机为例，这一农用无人直升机采用纯电动发动机，动力充足效率高，减少了农民与农药的接触，大大降低了人工喷药对人体造成的巨大伤害，同时能将部分农药喷洒到茎叶背面，喷洒均匀性大大优于人工和其他喷洒设备。

二、互联网＋旅游产业

（一）概述

1. 建设目标

阜平县旅游目的地电子商务平台以游客（需方）、旅行社（需方）、景区（供应方）和平台（管理方）为服务对象，游客、旅行社通过网站可查询旅游目的地及旅游各要素信息；查看景区旅游动态；购买及预订门票、旅游商品、线路、酒店；在线咨询问题等。平台可通过网站发布景区的信息如旅游线路、折扣信息、新闻、门票、旅游商品网上销售预订信息、促销信息、招商项目等。

通过智慧旅游电子商务平台的建设，进一步扩大平台网站的辐射范围，为国内外游客提供更多、更全、更便捷的电子化服务，吸引更多游客到景区来旅游、观光，增加游客在旅游目的地的旅游消费，增加当地旅游收入，提升景区现代化、信息化管理形象。为游客提供一条龙服务，吸引游客延长在旅游地的停留时间并增加消费金额，进而提升整个地区的旅游经济效益。

2. 建设原则

（1）信息内容及时、真实、准确。

智慧旅游电子商务平台的主要服务对象为游客，因此平台所提供的信息必须围绕游客的需求而制订，提供的信息应及时、丰富、真实、准确，为游客的出游提供方便。

（2）信息具有指南性、描述性。

智慧旅游电子商务平台提供的信息要从服务游客、方便游客的角度出发，多采用指南性、描述性的语言对旅游信息进行收集、整理、汇编。

（3）信息内容分类明确。

信息内容分类明确，可使游客方便地查找到自己需要的信息。对信息内容可以按大部分游客的需求分类、按旅游目的地分类、按旅游要素分类、按主题分类、按性质分类等。

（4）建立信息的动态更新机制。

网站必须建立信息动态更新机制，针对旅游目的地各要素的基础信息和指南类信息，根据情况变化定期更新，及时做出反应和调整，增强信息的准确度和时效性。

（5）强化搜索引擎功能。

为游客提供翔实、全面的信息离不开搜索服务。平台要为游客设计各种不同形式的搜索服务，如全文搜索、多关键字搜索、分类搜索、按时间搜索等。

3. 信息组织与表现形式

（1）以目的地为核心。

阜平县是集休闲、度假、娱乐、消费于一体的多业态旅游目的地，为此旅游电子商务平台，应以目的地天生桥景区为核心进行信息和产品组织。可以将以天生桥为核心的门票、酒店等旅游产品，进行单列或组合打包的形式销售。信息内容的组织、网站的设计、信息的表现形式等都以旅游目的地为核心。

另外，还要考虑对阜平县旅游目的地与区域辐射范围内旅游目的地的产品和资讯的打包推广，放大旅游目的地的抱团销售效应，提升用户对产品的黏性和消费量。

（2）信息描述的统一性。

阜平县旅游目的地电子商务平台在组织信息内容时，涉及旅游专业词汇时，要使用行业内的标准词语，使旅游信息更加规范化，从而提高信息查询的便捷性。

（3）信息关联性。

阜平县旅游目的地电子商务平台的信息与信息之间、功能与功能之间必须体现关联性。不能把信息做成孤岛信息，要做到信息要素之间的关联。信息内容的关联性主要以横向分类、关键字、纵向引导三种方式体现。

（4）增强互动性。

阜平县旅游目的地电子商务平台需要根据游客的需求，提供人性化、专业化的手机 App（手机软件）、在线咨询、留言板、在线投诉等线上服务，并做到及时解决问题、及时反馈。

（5）表现形式。

阜平县旅游目的地电子商务平台主要以数据库搜索和静态页面服务为主，辅助于部分动态新闻和游客互动频道，支持在线预订、购买等在线服务功能，可根据实际需求使用动画、视频、音频、电子杂志等多种表现形式。

（二）休闲乡村旅游

1. 政策背景

2015 年国务院办公厅印发的《关于加快转变农业发展方式的意见》中，提到要积极开拓农业多种功能。加强规划引导，研究制定促进休闲农业和乡村旅游发展的用地、财政和金融等扶持政策，加大配套公共设施建设支持力度，加强从业人员培训，加强体验活动创意、农事景观设计、乡土文化开发，提升服务能力。保持传统乡村风貌，传承农耕文化，加强重要农业文化遗产发掘和保护，扶持建设一批具有历史、地域、民族特点的特色景观旅游村镇。提升休闲农业与乡村旅游示范创建水平，加大美丽乡村推介力度。

2. 市场环境

针对当代人关于旅游的不同理念和态度，项目组对市场环境进行了调研，确认爬山/攀岩、农家乐、泡温泉是市区、城郊和乡村受访者都比较喜欢的城郊休闲活动。

3. 休闲乡村游理念

乡村旅游是以乡村为依托，以农村为主题，以乡村独特的自然环境、田园风光、生产形态、民俗风情、农耕文化、乡村聚落为主要的吸引物，满足旅游者观光、休闲、度假、体验、健身、娱乐、餐饮和购物等目的的一种旅游方式。休闲乡村游结合了当地的乡村文化特色，并且与当下流行文化进行融合，满足人们既希望体验乡村休闲生活又不愿降低旅游舒适程度的需求。

4. 休闲乡村游发展路径

发展休闲乡村游要积极推动在线旅游平台企业发展壮大，整合上下游及平行企业的资源、要素和技术，形成旅游业新生态圈，推动“互联网+旅游”跨产业融合。支持有条件的旅游企业进行互联网金融探索，打造在线旅游企业第三方支付平台，拓宽移动支付在旅游业的普及应用，推动旅游消费便捷化，加强与互联网公司、金融企业合作，发行实名制国民旅游卡，落实法定优惠政策，实行特惠商户折扣政策。放宽在线独家租赁、旅游网络购物、在线旅游租车平台等新业态的准入许可和经营许可制。

（三）建设方案

1. 中华第一枣乡文化旅游

阜平县应借助10万亩枣林的天然优势发展枣文化旅游产业园，除了观光枣林外，还应积极开展新型枣产业发展模式。以枣树、枣品资源为基础，以枣文化和田园生活文化为核心，通过合理规划，把枣园景观、枣品展示、生产技术、枣产品加工与旅游者广泛参与融为一体，吸引游客前来观赏、采摘、品尝、体验、休闲、度假。

在枣园适当位置建“枣工坊”，营造古朴、休闲氛围。“枣工坊”集枣产品加工制作、特色产业观光、休闲劳动以及特色旅游接待功能于一身，由“枣作坊”和“枣吧”两部分构成。

“枣作坊”主要用于开展枣产品制作参观以及枣产品DIY（自己动手做）制作，如制作枣糕、枣脯、枣干、枣膏等，游客在参观同时可亲身参与，体验自己动手的乐趣。

“枣吧”向游客提供特色枣食品、枣饮品等服务，还可以推出枣乡民间文艺节目、对枣诗、猜枣谜等娱乐活动，让游客在休闲娱乐中感受枣文化魅力。

2. 枣文化博物馆

在枣园中心位置建枣文化博物馆，以实物、图片、模型、影像等多种方式展示不同枣果、枣果制品以及枣栽培发展历史。可单独开辟阜平枣文化馆，展示阜平与枣树栽培有关的历史、文化等，增加游客对阜平枣文化的认识。

还可展示枣的相关书画、雕刻、摄影等艺术作品，丰富参观内容。

（四）实施方案

阜平县应立足本地旅游资源的开发，制订相应的优惠政策，吸引旅游电商在当地设立旅游站点，建设旅游电商平台，形成太行山旅游战略联盟，进一步整合太行山旅游资源，形成具有品牌影响力的旅游特色集群。

1. 盈利模式（如图 1）

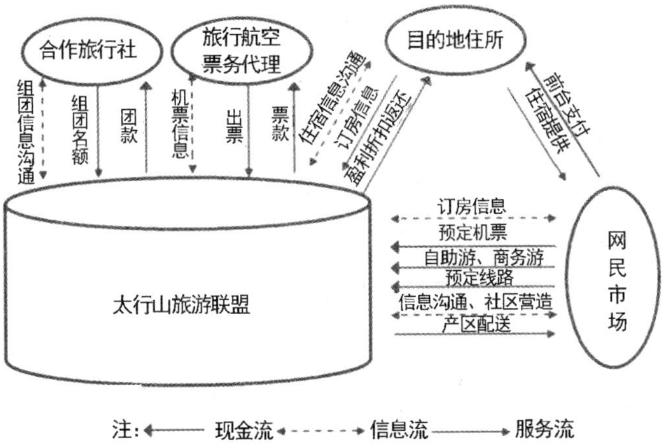

图 1 太行山古村落旅游电商联盟盈利模式示意图

2. 古村落旅游

开发阜平县古村落旅游资源，打造太行山农家古村落品牌的旅游特色，进一步带动当地的经济发展。

3. 配套设施

加强休闲乡村游所必备的道路、电力、饮水、厕所、停车场、垃圾污水处理设施、信息网络等基础设施和公共服务设施建设，加强相关旅游休闲配套设施建设。

建造以枣文化为主题的特色餐厅或餐饮一条街，结合枣果开发阜平特色菜肴，为游客打造独特的枣饮食文化体验。还可结合“农家乐”开发枣文化主题酒店，与当地民居特色相结合，营造无处不在的枣文化氛围。

三、互联网＋金融

（一）融资现状

国务院发展研究中心发布的调查报告认为，难以从银行贷款的中型企业和小型企业分别为63.4%和70.9%；其次，4万亿经济刺激计划绝大多数投向“铁公基”这样的基础设施领域，主要分布在大型国有企业；从银行的贷款分布来看，中长期贷款占比较高，多为长期大中型建设项目。就此分析，目前中小企业特别是小企业融资供需矛盾依然突出。

（二）融资难题

1. 中小企业可用于抵押担保的资产不足

中小企业生产经营规模普遍较小，技术落后，实力较弱，抵制市场风险的能力不强，偿债能力较差，普遍生产资金短缺。基于中小企业固定资产比率低的财务特征，其能用于抵押的资产相对十分匮乏，使得他们的资信度普遍不高，这是形成中小企业融资困境最根本的原因。

2. 中小企业经营稳定性差，增加了银行的信贷风险

由于中小企业规模小，在信息收集、分析市场方面投入成本少，因而易受经济、金融环境以及行业变化的影响，这对于以稳健经营为宗旨的银行来说自然会尽量少贷或不贷给中小企业资金以规避风险，这在一定程度上阻断了中小企业的主要融资渠道，加大了中小企业的融资难度。

据美国小企业管理局（SBA）统计，有近30%的小企业在成立2年内消失，由于经营失败、倒闭或破产等原因，有近56%的小企业在4年内退出市场。

3. 中小企业信用等级低，贷款成本高，银企关系恶劣

近年来，部分中小企业信用观念十分淡薄，利用虚置债务主体、假借破产之名低估资产、逃避监督等各种方式逃、废、赖银行债务。这些行为进一步加大了银行贷款的风险，相应地也降低了银行向中小企业增加贷款投放的信心。

（三）创新模式：财政＋保险＋银行

阜平县应充分发挥财政资金的杠杆作用和保险资金的保障功能，本着政

府引导、市场运作、风险可控的原则，采用市场化手段，推出小额贷款保证保险，探索政府提供保险保费补贴和风险补偿、保险公司提供贷款信用保证保险和银行提供贷款的“财政＋保险＋银行”融资模式。

1. 政府提供保险保费补贴和风险补偿

阜平县政府财政部门应通过设立保险保费补贴机制和银行贷款风险补偿机制，以财政资金撬动信贷资金投放市场，使借款资质欠缺的经营主体能够获得银行贷款，更大程度地发挥财政资金效益，有效解决大众创业初期的融资难问题。

保险保费补贴机制：财政资金按照小额贷款保证保险金额（即贷款金额）的1.3%给予保费补贴，以降低借款人的融资成本和保险公司的运营成本。借款人按照贷款金额的1%缴纳保险费用，凭保单做抵押物就可以享受到银行的贷款。

贷款风险补偿机制：设立风险补偿资金，分担保险公司和银行风险。当贷款出现逾期风险时，首先由保险公司按贷款本金的80%赔付至银行，银行承担20%的贷款损失风险。同时，阜平县财政部门通过设立的风险补偿资金对保险机构出现的风险损失予以补偿。

2. 保险公司提供贷款信用保证保险

银行与保险公司协商并签订合作协议，当借款人提出资金申请时，银行与保险公司联合对贷款申请人分别进行资信调查。符合条件的申请人在保险公司购买小额贷款保证保险以后，到银行签订贷款合同。银行在相关手续完备以后发放贷款，保险公司按照合同约定承担贷款保险责任。

（四）管控措施

1. 业务专管专营机制

针对中小企业融资渠道建立集中管理、集中经营（简称为“专管专营”）制度，建立防范虚假融资的有效机制，促进中小企业与金融机构间建立合法、真实、透明的合作关系。

2. 银保联合风险管控机制

试点银行和保险公司对贷款实施全过程风险管理，对每笔贷款实行银保共同实地资信调查。银保双方在贷款人申请受理、贷前调查、分析决策、贷后跟踪管理、逾期催收、损失追偿等各个环节中实行信息共享和工作配合，实现联合风险管控。

3. 欠债追偿机制

贷款损失风险发生后，保险公司在按约定比例向银行赔付的同时，保险公司与银行共同采取措施向贷款人进行追偿，并对追偿回来的全部金额按合同约定的风险分担比例进行分配。对有恶意逃废金融债务行为的贷款人，由公安等司法机关依法严厉打击，并采取有效措施推动追偿工作。

4. 责任追究机制

各级各有关部门要积极配合支持开展试点工作，协助试点金融机构防控化解风险，对恶意欺诈、逃废债务等失信行为，司法机关将依法进行严厉打击，并协助追偿。

5. 借款人失信行为通报机制

试点银行要将小额贷款发放及欠款信息、贷款人失信行为定期向人民银行、工商行政管理部门通报。

（五）保障措施

加强宣传引导，试点市和试点金融机构要加大小额贷款保证保险宣传力度，普及小额贷款保证保险知识，营造良好的舆论氛围，激发和引导小微企业的创业发展热情。

第七章　燕山—太行山片区文化产业与精准扶贫融合发展策略之六：大健康产业背景下的新机遇

第一节　大健康产业与精准扶贫融合发展的理论探索

一、大健康产业发展背景

随着经济社会的发展，人们对健康的关注度越来越高。随着人民的健康需求不断提升，大健康作为一种全局的理念应运而生。大健康贯穿人衣食住行和生老病死的全流程，其研究范围涉及与健康相关的各类因素，包括身体、精神、心理、社会、环境等。大健康产业就是在此基础之上衍生而出的产业，近年来引发社会越来越多的关注度，重要性也随之凸显出来。大健康产业涵盖健康制造、健康服务、健康管理等系列内容，已经成为21世纪引领全球经济发展和社会进步的重要因素。美国经济学家保罗·皮尔泽在《财富第五波》中将健康产业称为继IT（互联网技术）产业之后的全球"财富第五波"。

我国2015年首次提出"健康中国"这一概念；2016年中共中央政治局审议通过《"健康中国2030"规划纲要》，将大健康产业作为"健康中国"建设中重要的组成部分；2017年10月18日党的第十九次全国代表大会报告中再次强调"健康中国战略"；同时，人工智能和医疗行业的加速融合也不断助推着大健康产业的迅猛发展。如今，大健康产业已经成为我国经济发展中的朝阳产业，有着强大的发展动力和良好的发展势头。

二、大健康产业的概念

大健康是根据时代发展、社会需求与疾病谱的改变，在对生命全过程全面呵护的理念指导下提出的一种全新的理念。它紧贴人的衣食住行、生老病死，关注各类影响健康的危险因素和误区，注重人在心理、生理、精神、道德、社会、环境等方面完全健康。

大健康产业，是随着健康理念的延伸而形成的健康关联产业的集合，是指以维护、改善、促进与管理健康、预防疾病为目的，提供产、学、研产品与相关健康服务的行业总称。它以促进和改善公民健康为中心，以提高全民健康期望寿命为使命，以大健康为理念建立体系，通过推广大健康教育体系、发展扩大相关产业体系、完善相关服务体系，最终帮助公民实现生得优、活得长，不得病、少得病，病得晚、走得安，从而提高生命质量，并转变以往对待疾病的传统方式，形成对疾病提前预防的新型模式①。大健康产业包括六大产业内容：第一，以医药、医疗、器械为主体的医疗产业。第二，以健康护理理疗、美容化妆为主体的非（跨）医疗产业。第三，以健康保健品、健康用品为主体的传统保健品产业。第四，以健康检测、咨询顾问、体育休闲、健康促进等为主体的健康管理产业。第五，以环保防疫、健康家居、有机农业为主体的新型健康产业。第六，以医药健康产品终端化为核心驱动而崛起的中转流通、专业物流配送为主体的新型健康产业②。

三、大健康产业为精准扶贫提供新机遇

学者范月蕾曾对大健康产业的驱动因素进行总结，认为人口老龄化为大健康产业提供了巨大的内在需求，政策扶持是大健康产业持续发展的保障，

---

① 孟令忠. 大健康产业背景下民族传统体育产业发展探讨［J］. 运动，2015（23）：134-135.

② 王秀华. 发展大健康产业培育新的经济增长点［J］. 法制与经济，2015（05）：120-121.

持续增长的投融资金额是大健康产业发展的基石，健康科技的驱动为大健康产业注入新活力①。大健康产业在我国表现出良好的发展环境和广阔的发展市场。中国作为人口大国，目前面临着日益严重的人口老龄化问题，在医疗改革不断推进的今天，大健康产业成为新的发展机遇。大健康产业与养老、医疗、旅游等产业相结合，使得新业态层出不穷。抓住大健康产业这一新机遇，对于提升国民健康水平、保障民生具有重要意义。

目前，大健康产业在北京、浙江、深圳、成都、海南、青岛等地均有较为完整的布局与明显成效，从实践效果来看，大健康产业是破解当地发展困境、促进经济转型、实现精准扶贫的重要战略方式。精准扶贫是扶贫方式的革命性变革，将实现由“局部”向“全局”、由“抽象”向“具体”、由“硬件”向“软件”、由“业内”向“业外”、由“漫灌”向“滴灌”、由“定性”向“定量”、由“单一”向“综合”的转变②。就我国目前的扶贫情况而言，扶贫工作中扶贫对象不明确、帮扶措施针对性不强、扶贫工作难点仍未解决等问题突出，在具体的扶贫工作中难以寻找到合适的扶贫方式、策略，从而给实现精准扶贫带来难度。精准扶贫应针对不同贫困区域环境、不同贫困农户状况进行定向分类，找准原因及需求，引导各类扶贫资源优化配置，运用合规有效的程序对扶贫对象实施精准识别、精准帮扶、精准管理，逐步构建扶贫工作的长效机制。在具体的实施过程中，贫困地区要善于挖掘大健康产业的发展因素，充分利用贫困地区的土地、资源、人口条件，对具体情况进行可行性分析，最终确定合理的发展方案。一些贫困地区不耕种土地较多、人口较少，在资源利用方面尚不充分，许多自然资源有待进一步开采和利用。这些地区虽然经济发展水平较低，但如能对自然资源进行合理利用，抓住大健康产业发展机遇，能够逐步实现精准脱贫。当然，精准脱贫的实现也需要政府、社会组织、企业的共同参与，从而实现政策的扶持与有效的规划管理。

---

① 范月蕾，毛开云，陈大明，等. 我国大健康产业的发展现状及推进建议［J］. 竞争情报，2017，13（03）：4-12.

② 汪继章. 精准扶贫：扶贫方式的革命性变革［J］. 中国扶贫，2015（11）：28-30.

总之，大健康产业是实现精准脱贫的新机遇。贫困地区在探索脱贫路径时要结合自身条件，寻找脱贫突破口，充分挖掘自身发展潜力，实现脱贫。

四、大健康产业下的精准扶贫新思路

（一）培育大健康支柱产业，为精准扶贫找准切入点

精准扶贫要找准切入点，打造地方特色，从而实现地方脱贫发展。大健康产业在当前展现出良好的发展环境和发展市场，培育和壮大大健康产业发展，需要挖掘地方优势特色产业，加快大健康产业精准扶贫示范区基础设置建设，加大招商引资力度，从而形成规模效应和品牌效应，最终打造地方支柱型产业基地。在结合当地特色对基地进行规划建设的同时，也需要加强对于农民的身份转移，扶贫地区的基地现状多以农民居住地、农业用地、闲置用地为主，对这些地区进行大健康产业规划必然涉及农民切身利益，基地建设也需要大量的人力支持。因此，农民可以通过加入园区建设实现转变，一方面增加个人收入，另一方面也有利于尽快融入城镇化建设。

（二）大健康产业与特色农业产业化融合发展

特色农业产业化发展是在对地方特色农业进行发掘分析的基础上，充分认识地方发展特色，集中力量对特色农产品进行培育加工与推广，发挥最大的经济价值，实现精准脱贫。农业产业化发展是实现品牌化的过程，走的是规模化、产业化、特色化的发展道路。大健康产业大多发展休闲农业、观光农业，建设农业示范区、观光农业带等，围绕地区特色统筹规划，加大休闲观光农业资源、田园生态景观资源、农村人文资源的开发力度，把农业建设、农艺展示、特色产品与旅游观光融为一体①。因此，可以尝试将二者有机结合推动特色农业产业化发展，将农业这一传统的第一产业，通过资源整合、发展创新来实现第一、第二、第三产业的融合发展，打造地方特色，实现精准扶贫。

---

① 石兴安，普永贵．以大健康产业推进连片特困地区精准扶贫［J］．当代农村财经，2016（02）：21-24．

第二节　涞水三合庄特色小镇规划案例实证分析

一、项目概况

涞水三合庄康养特色小镇位于保定市涞水县涞水新城的西北部、娄村满族乡的北部，目前基地地块现状为居民区、农业用地、山地以及闲置空地，小镇规划面积为3.042平方公里，东面毗邻S232省道、京昆高速，西面靠近张涿高速，交通条件较为便利。优越的地理位置和自然条件为康养旅游产业的发展提供了良好基础，涞水三合庄康养特色小镇旨在为忙碌的都市人提供一片释放压力、亲近自然、康养身体的静谧空间，打造康养旅游宝地。

当下健康与养老问题越来越突出，康养产业市场前景广阔，涞水三合庄以康养产业为主建设特色小镇，在国家相关政策的支持下，顺应社会发展需求，并借鉴国内成功康养建设案例，努力打造康养特色小镇。

在国家政策方面，2016年7月，住建部、发改委、财政部联合发布《关于开展特色小镇培育工作的通知》，《通知》提出，到2020年要培育1 000个左右各具特色、富有活力的休闲旅游、商贸物流、现代制造、教育科技、传统文化、美丽宜居特色小镇，引领带动全国小城镇建设，并不断提高建设水平和发展质量。

2016年10月27日，国家发改委发布《关于印发〈全国农村经济发展“十三五”规划〉的通知》，提出坚持走中国特色新型城镇化道路，加快发展中小城市，有重点、有特色地发展小城镇，积极培育一批特色鲜明、产业发展、绿色生态、美丽宜居的特色小镇，依托农村绿水青山、田园风光、乡土文化等资源，大力发展都市农业、休闲农业和乡村旅游，因地制宜发展庭院经济，围绕特色产业打造一村一品、一村一景、一村一韵的美丽村庄，有序发展以农业和森林为主题的公园。

在《中共河北省委、河北省人民政府关于建设特色小镇的指导意见》中，河北省提出牢固树立和贯彻落实新发展理念，准确把握特色小镇的内涵特征，坚持因地制宜、突出特色、企业主体、政府引导，坚守发展和生态底线，注重特色打造，注重有效投资，注重示范引领，注重改革创新，加速要素集合、产业聚合、产城人文融合，努力把特色小镇打造成为经济增长新高地、产业升级新载体、城乡统筹新平台，为建设经济强省、美丽河北提供有力支撑。

在社会需求方面，大力发展康养产业对于我国经济社会发展具有重要的意义和作用。首先，发展康养产业是惠民生的必然要求，我国老年人口数量庞大，养老形势严峻，需求层次多样，全社会“健康老龄化”产生的巨大刚性需求亟待满足。其次，发展康养产业也是调结构的必然要求，康养产业的发展状况直接影响现代服务业的发展水平，从而影响经济结构调整的完善程度。再次，发展康养产业还是转方式的必然要求，康养产业是增长性和可持续性更为强劲的产业，通过开发“第二次人口红利”，可以助推经济发展方式成功转型，促进经济社会可持续发展。最后，发展康养产业对扩内需、促就业等具有重大现实意义。康养产业属于健康服务业中的新兴产业，覆盖面广、产业链长，能推动体育、卫生、旅游、文化创意、金融服务等产业的有机融合，能对众多上下游产业发展产生强劲的带动效应。康养产业作为现代服务业的重要组成部分，蕴含拉动经济发展的巨大潜力，一头连接民生福祉，一头连接经济社会发展，可以被打造成为我国又一个新兴的战略性支柱产业。

涞水三合庄康养特色小镇建设主要以太阳谷国际康养生活社区和东方太阳城两个成功案例为借鉴。

太阳谷国际康养生活社区位于贵州省贵龙城市经济带内的双龙临空经济区，2016年建成，其突出的特点是提供立体化康养生活服务。它集IHG（洲际酒店集团）国际医院、CCRC（持续照料退休社区）康养中心于一体，结合中铁旅游度假区的大配套，形成康养特色项目，提供集养生、养心、运动、观光、体验为一体的立体化康养生活。

东方太阳城位于北京市顺义区，2010年建成，定位为高品质的中国首席大型退休社区。作为一种专供健康老人集中居住的专用住宅，形成一种居家养老与社区服务相结合的模式。它是由社会投资兴办并按企业化经营管理的老年用住宅，绿化面积达到了80%，并且拥有良好的配套设施。

在对涞水三合庄康养特色小镇的 SWOT（态势）分析中发现，小镇建设有得天独厚的自然条件、便利的周边交通以及附近河流带来的良好的生态条件，有国家优惠政策支持、市场潜力巨大等方面优势。然而，地块经济发展落后、资源相对不足、健康观念相对较差的劣势条件也限制着小镇的建设，加之近年来康养小镇数量增多、附近康养小镇竞争激烈、康养小镇建设面临创新瓶颈等因素，涞水三合庄的康养小镇建设存在一定挑战。

二、项目定位

医疗健康旅游是旅游与康复、健身、养生等项目的有机结合，是健康服务业的重要组成部分和新业态，也是推动经济和城市转型发展的朝阳产业，市场需求量大。据统计，2015 年全球医疗健康旅游产业规模已经超过了4 300亿美元，约占全球旅游产业经济总体规模的 14%。医疗健康旅游已被公认为是增长最快、附加值最高的新兴产业之一。涞水三合庄康养特色小镇旨在为健康老人提供旅居养老＋医疗健康旅游服务，打造地区有影响力的康养特色小镇，以家庭度假休闲人群、养生疗养人群、中老年度假人群、高端度假人群为目标客群，在功能定位上注重生态居住、旅游度假、康养三位一体，打造集养老养生、休闲娱乐、文创娱乐多种功能于一体的复合型康养旅游度假小镇。

涞水三合庄康养特色小镇分为合体坊、合己坊与合心坊三部分。其中，合体坊是综合健康服务中心，旨在为康养小镇的业主和游客提供多种形式的医疗服务；并且配套康体理疗中心和健身中心，提供商业、娱乐、文体等多元化的综合配套服务。合己坊是康养社区，选在地势较为平坦的区域，社区环境优雅、绿化率高，集老年养护、医疗康复、养生保健于一体，提供优质的服务。合心坊采用中式传统建筑技术，建设保留传统风格的中华雅筑，保留更多人性化的设计，给业主和游客最好的体验。涞水三合庄康养特色小镇是专注康养休闲的特色小镇，具有特而精、聚而合、小而美的特点。

医养结合型康养小镇是涞水三合庄康养特色小镇的规划亮点。小镇依托北京协和医院互联网＋医院系统为人们提供包括以互联网为载体和技术手段的健康教育、医疗信息查询、电子健康档案、疾病风险评估、在线疾病咨询、电子处方、远程会诊及远程治疗和康复等多种形式的健康医疗服务。国医康体理疗中心、健身中心、漫步道、体育场地等提供各种形式的调养康复和健身服务。小镇的健康有机果蔬严格按照有机生产要求，不使用任何化学合成的农药、化肥，以及基因工程生物及其产物，遵循自然规律和生态学原理培育，有很高的营养价值。

涞水三合庄康养特色小镇致力于打造专业级的康养小镇，有三大特色：实用与智能结合、建筑与生态结合、康养与旅游结合。康养特色小镇建设采用现代智能配套相关设施，仿古式建筑与地势地貌完美结合，融入休闲度假功能，是集多种功能于一体的复合型健康养老旅游度假小镇。

康养小镇特色设计以生态环境为依托，推进医疗机构和养老机构的融合，积极探索互联网＋“医养结合”新道路，让人们更加关注自身健康。规划设计理念融合了自然、文化、医疗等符合人身心发展的条件，以养老模式建设和医疗健康旅游为核心，为人们提供一片居住、康养、旅游的宝地。建筑采取传统中式特色建筑风格，组合了各种建筑符号，保留古朴的外观。古色古香的建筑样式传达出中式生活理念，彰显中国传统建筑元素及其特色。康养小镇有专门的康养居住社区，绿化面积高，环境优雅，空气清新，将绿色生态与优雅的环境相结合，并且坚持以人为本的科学发展理念，打造有品位、舒适、温馨的康养社区，使得老有所安、颐养天年。小镇建设注重人文景观和自然环境融为一体，使人更加接近大自然，远离城市的喧嚣，返璞归真。小镇有综合服务中心，为每位用户建立健康数据库，关注到每个人的健康。此外，小镇还有老年人活动中心、休闲娱乐中心。小镇既有居家养老定位，又有医养结合的概念，更重要的是拥有优美的自然环境，是绝佳的康养圣地。

三、项目方案

涞水三合庄康养特色小镇的功能分区包括合体坊——综合康养服务区、三合天年公园——山地运动区、三合福地——主题度假区、百果香林——主题景观带、遇己巷——古风小镇区、三合山舍——山地院落区、合心坊——

雅筑院落区、合己坊——康养服务社区八大部分。

1. 合体坊

合体坊是康养特色小镇的综合康养服务区，设有云数据健康中心、北京协和医院互联网＋医院、国医康体理疗中心、康体健身中心。

云数据健康中心为用户建立完善的健康档案，完善个人资料；用户可以即时获得医师的帮助，还可以轻松地记录所有健康资料，随时关注自己的健康状况。

北京协和医院互联网＋医院系统，为用户提供包括以互联网为载体和技术手段的健康教育、医疗信息查询、电子健康档案、疾病风险评估、在线疾病咨询、电子处方、远程会诊及远程治疗和康复等多种形式的健康医疗服务。

国医康体理疗中心设有国医馆、养生 SPA 馆、健康产品销售体验中心等服务设施。

康体健身中心则提供运动健身设施与服务。

2. 三合天年公园

三合天年公园是康养特色小镇的山地运动区，设有山地漫步道、马术俱乐部、中小型高尔夫球训练场、专业体育运动场地。

专业体育运动场地将配套建设标准篮球场、足球场、网球场、游泳池等专业运动场地以及全套室外、室内辅助锻炼设施，形成集文化、娱乐、休闲于一体的专业体育运动区。

3. 三合福地

三合福地是康养特色小镇的主题度假区，设有度假酒店、康养度假别墅、生态观光园。

度假酒店以康养为主题，为季节性游览休闲群体提供短期的康养休闲服务。生态观光园提供一种特殊的餐饮形式，人们在生态园就餐更加注重的是精神方面的放松与享受。

4. 百果香林

百果香林是康养特色小镇的主题景观带，依托三合庄盛产核桃、桃、柿子等果品的产业基础，种植以经济作物为主的百果香林主题景观带。

百果香林布局有两大特点：一是将观赏植物布置在园区外围，配合园区景观起到区域美化、与外围景观融合的作用。二是将果树植物布局在园区几个核心区域，既体现百果园主题，又使景点集中，便于游览。

5. 遇己巷

遇己巷是康养特色小镇的古风小镇区，以“遇见最真实的自己”为核心规划理念，强调营造具有中国古风古韵特色的传统中式小镇。

古风小镇区凸显其在都市中闹中取静、休闲安逸、崇尚自然的品位，拟建设一条贯穿生态森林的徒步观光十里林带，使游客可以沿途饱览林区景色；拟建设的文化商业街在充分挖掘和体现传统文化、民族文化、历史文化和时尚文化的基础上，加入商业元素，建设包括仿古戏台、电影院、小型购物中心、特色食肆等配套设施。

6. 三合山舍

三合山舍是康养特色小镇的山地院落区，依山势而建于山林之中，为中式山地院落区，旨在打造森林深处的一流别墅区和森林氧吧中的静心之所。

7. 合心坊

合心坊是康养特色小镇的雅筑院落区，采用仿古建筑形式，融合全国各地具有特色的民族院落风格，包含中式联排别墅、传统夯筑院落及传统四合院落三种建筑形态，古韵悠然。

8. 合己坊

合己坊是康养特色小镇的康养服务社区，旨在打造为周边一流的康养社区。项目建在地势较为平坦的区域，社区环境优雅，绿化率高，同时引入全日式智能养老管理系统。

四、建筑及景观风格

涞水三合庄康养特色小镇的建筑设计注重引入古代传统建筑设计元素，表现传统中式的康养小镇风格，以传统中式元素营造静谧的康养之城。景观节点以水系、平台、小型服务设施为主导，实现功能与景点的高度融合统一。风景区将自然环境与人文景观相结合，突出自然景观与人文建设的协调性。

植被选择适应涞水三合庄地区气候条件的植被，注意整体色彩及植物层次的搭配和控制，以达到最佳效果。

第三节　怀来特色小镇规划案例实证分析

一、项目概况

党的十九大报告提出，要实施区域协调发展战略，以城市群为主体构建大中小城市和小城镇协调发展的城镇格局，加快农业转移人口市民化。河北省力争通过3至5年的努力，培育建设100个产业特色鲜明、人文气息浓厚、生态环境优美、多功能叠加融合、体制机制灵活的特色小镇。

2017年2月14日，河北省首批符合产业定位、具备文化内涵或旅游功能的82个特色小镇脱颖而出。河北省首批特色小镇创建和培育类名单中，创建类特色小镇30个，培育类特色小镇52个。在这82个特色小镇中，石家庄市10个、承德市6个、张家口市5个、秦皇岛市6个、唐山市8个、廊坊市10个、保定市12个、沧州市6个、衡水市5个、邢台市7个、邯郸市7个。

《怀来县城总体规划文本》（2006—2020年）提出，城镇经济分区以官厅水库为界，将怀来县城划分为三个经济区。官厅水库以北区域为县城经济区，官厅水库以南区域为东南部和西南部经济区。县城经济区以县城为中心，以建设区域性中心城市为发展目标，在产业发展上依托沙城经济技术开发区，以食品加工、现代制造业和现代物流业为主。

《怀来县旅游发展总体规划》提出，怀来作为北京的菜篮子、饭盒子、酒缸子、果盘子、水池子，具有中国风、生态化、国际范、时尚性的品质特征，将是北京的商旅站、养生谷、文化城、会客厅、生态区、休闲地，将成为京津冀会客厅、东南方向进京商旅后花园、晋蒙疆藏前花园、国际游客中心花园。

怀来区域资源丰富，包括自然资源、产业资源、沙城历史文化资源等，这些资源的存在为打造特色小镇、实现精准扶贫建设提供了条件。

在自然资源方面，怀来县境内南北群山起伏、层峦叠嶂，中间环抱着官厅水库（库区面积 180 平方公里），呈“V”型盆地，海拔最高为1 977.6米，最低为 394 米，形成怀来特色；境内有永定河、桑干河、洋河、妫水河四条过境河流，提供了天然的旅游资源；全县有地热资源 30 平方公里，主要分布在桑园、狼山等区域，属可补性地热水，温泉水温高达 88 ℃，为国家规定的五级高温水，水呈淡蓝色，属硫酸钠型矿泉水，水中富含偏酸、锂、锶、钙、钠、氦、氡等 28 种对人体有益的微量元素，具有很高的医疗价值；全县已探明矿藏 20 多种，探明储量 13 种，矿产资源丰富，为工业发展积聚力量。

在产业资源方面，怀来有葡萄、石片黄杏、八棱海棠、紫皮大蒜作为地方特产，在此基础上产业发展呈现独有特点。怀来县第一产业种植面积广阔，种植与养殖种类丰富。2016 年，怀来县农作物播种面积 44 万亩，总产量 30 万吨，全县林果种植面积 59 万亩，果品产量 28.5 万吨，2016 年完成造林面积 8.6 万亩，年末实有封山育林面积 20.3 万亩。第二产业产业链完善，技术较为健全，且具备首都产业承接功能，2016 年怀来县完成工业总产值 34.8 亿元，工业固定资产投资 31.8 亿元，规模以上工业企业达到 34 家，形成以葡萄酒酿造、玻璃加工、高新技术、装备制造、新能源等产业为主导的工业经济格局。现有怀来航天产业基地、中卫通卫星地面站、秦淮大数据等入区企业 57 家，其中北京外延企业 40 家。第三产业县域范围内景点较多，商贸旅游市场体系健全，怀来县旅游市场火热，全县共有国家 4A 级旅游景区 1 个、3A 级旅游景区 1 个、2A 级旅游景区 3 个，正在打造 5A 级生态景区 1 个，初步形成生态观光、历史人文、温泉养生、果品采摘等特色旅游格局。

在历史文化资源方面，有董存瑞纪念馆、鸡鸣驿古城、新保安城、庙港样边长城、天皇山北魏石窟、镇边城、黄龙山庄以及天漠公园。怀来独特的资源条件使得其有着独特的发展路径与发展机遇，依托当地资源抓住大健康产业的发展机遇，是怀来特色小镇建设的独特战略。

怀来特色小镇位于张家口怀来县东南部，高速沙城东出口处，主要包括炮儿村、土木村，规划总面积3 363 322平方米。在地形地势上，北邻赤城县，境内群山起伏、层峦叠嶂，南边毗邻官厅水库。小镇所在沙城镇地势平坦，河道纵横，黄海标高平均在3～5米，一般坡度为0.1%，大部分地区属瓯江冲积兼海涨平原。现有地块非建筑用地广阔，有大块的农业用地和荒地，开发难度小，开发意义重大。小镇区域交通条件便利，西面是京藏高速、京新高速和110国道京银线，规划中的京张高铁将怀来县置于环首都半小时生活圈内，区位优势明显。

小镇所在怀来县经济特色明显，是著名的水果之乡，全县果林面积50万亩，年可提供干鲜果品15万吨。怀来县周围旅游景点众多，自然条件和地理位置优越，康养和旅游产业发展前景广阔，适宜打造康养旅游宝地。

二、项目定位

怀来特色小镇的总体目标愿景是生态田园景、国际智能镇、健康怀来城。在区域规划上，针对现有规划区域自然和人文元素进行充分整合、创意规划建设，实现自然空间、生活空间结构均衡，满足人们休闲娱乐、生态居住和健康生活等多样化诉求。根据土地现状规划八大功能板块，分别为：定位于高端生态养老地产的颐和春风智能生态康养示范区、定位于特色主题商业消费区的健康文化主题商业街、定位于高水平高端化健康产业园区的怀来大健康科研产业园区、定位于小镇居民健康数据管理与智能服务中心的蓝城·颐和春风智能小镇综合服务中心、定位于健康田园与养生文化居住示范区的颐和春风田园养生文化村、定位于国际水果展览与售卖的怀来国际水果主题博览园、定位于创意生态商业办公区与健康研究区的田园春风创意商业区、定位于高端生态有机农产品产业化种植的怀来国际有机农产品种植加工基地。规划对特色康养与旅游建设进行整合与串联，打造一条文化旅游和体验线路，沿线规划三个等级的文化节点：一级节点以健康旅游为主题，以健康消费为特色，包括怀来国际水果主题博览园、健康文化主题商业街、怀来国际有机农产品种植加工基地；二级节点以健康研究与传播为主题，以脉络串联为特色，包括田园春风创意商业区、怀来大健康科研产业园区；三级节点以健康养生为主题，是以科技为支撑的居住、数据管理文化景点，包括颐和春风田园养生文化村、颐和春风智能生态康养示范区、蓝城·颐和春风智能小镇综合服务中心。

在小镇规划上，围绕地方特色资源和康养主题开展“生态”“健康”特色镇区设计，并打造集生态观光、现代人居、康养养生、农业生产等于一体的国际生态健康特色小镇。未来小镇将包括五大服务体系，以及蓝城农业、蓝城颐养、蓝城健康等三个主要部分。

五大服务体系：小镇形成健康、教育、产业、商业、物业五大服务体系，其中健康服务体系以自建园区健康服务中心为载体，以“云＋网＋端”、O2O模式及家庭医生团队为支撑，提供高品质健康医疗服务；教育服务体系致力于通过教育服务引导小镇的科学生活和文明生活，打造颐乐学院、书吧、剧院小礼堂等学习空间；产业服务体系按照区位的优势、资源的禀赋来培育最有基础、最具潜力、最具成长性的主导产业，构筑“吃住在小镇、工作在小镇”的完整生态链；商业服务体系采用格式化的商业运营模式，整合百余商业品牌；物业服务体系则在传统的物业基础上做好园区文化建设、社群组织、开设时间银行、大健康管理、居家照护、家庭资源管理、邮寄农业配送、现代科技应用及商业运营等。

蓝城农业：蓝城农业由蓝城中国（原绿城集团）和浙江省农业科学院于2012年11月强强联合，共同推动成立，是蓝城中国四大核心业务——房产(代建)、农业、颐养、健康的重要组成部分。蓝城农业建立起一支由国内相关领域顶尖专家领衔，博士、硕士团队为骨干的战略研究和创新研发队伍，具有专业背景的运营团队成员已达100余人，公司核心业务涵盖营销配送服务、品质安全检测、新型家庭农场和现代生产种植等。在整体架构上，已初步形成现代农业、生态农业、热带农业等三大板块示范引领和辐射带动的60多个基地布局和100余种产品体系，已初步构建起以院士专家工作站、企业研究院、工程技术中心为核心载体的科研技术体系，正着力打造基于电子商务和体验馆的线上线下互动的O2O营销模式，以及实现从田间地头到餐桌的全程冷链物流配送系统。

蓝城颐养：蓝城颐养包括颐、乐、学、为四要素，“颐”是指通过精心设计的健康管理、医疗护理服务体系，建立一种全新的养生系统，让长者身心健康、青春焕发；“乐”是指精心设计符合长者特点的文化娱乐活动，争取每天、每周、每月的活动丰富多彩，让每个长者在活动中感受快乐，让快乐伴随每一天；“学”是指通过精致且系统的课程安排，让每个长者在自主的学习中得到充分的愉悦和收获；“为”是指通过多种途径，组织长者开展社会活动以及相互之间的帮助和服务，发挥各自特长、优势，让长者赢得社会的尊重，实现自身价值。

蓝城健康：蓝城健康包括四大支撑系统。蓝城生活策划研究所，重点开展城镇化建设、新农村建设、现代科技农业、文旅、科创、娱乐、智慧服务、大数据平台等策划服务；蓝城生活建设研究所，以探究、设计、实现生活的本源为使命，打造中国第一个以生活规划为核心的产品研究孵化中心；蓝城生活服务研究院，以生活营销、综合服务、文化倡导为主要内容，以为家人提供美好生活为目标，是集安全、健康、商业、产业等于一体的轻资产服务运营公司；蓝城农业研究院，致力于建设全球一流的农业产业创新服务平台、国际化的第三方农业产业研发机构、全球农业技术综合服务商和农业发展智库。

产业是小镇发展的生命力，使人们能够真正在小镇安居乐业。在产业策划方面，产业发展体系为“4＋X”，其中“4”为健康养生（养老）服务、国际医疗保健服务、生态文化旅游、生态有机健康品四大特色产业，“X”为大健康云数据、健康制造、总部经济、智能监控、电子商务、文化创意、特色休闲等配套产业。小镇以康养旅游消费和居住为吸引核，发展多种产业，拉动实现投资创收，以其多样化功能和休闲娱乐购等完善基础设施，吸引游客前来消费，提升房产附加值，以别样化建筑景观吸引游客前来参观娱乐乃至购房、休闲、居住。小镇规划在现状“一院一心一基地多区”的功能空间基础上，以泛旅游产业模式统筹景区和镇区的协同发展，最终形成“一轴＋八板块”的功能空间结构。一轴，既是依托道路、贯穿景区和镇区的空间发展轴，也是展示小镇形象的重要景观廊道；八板块，即八大产业分区板块。

三、项目方案

怀来特色小镇建设包括八大板块：颐和春风智能生态康养示范区、健康文化主题商业街、怀来大健康科研产业园区、蓝城·颐和春风智能小镇综合服务中心、颐和春风田园养生文化村、怀来国际水果主题博览园、田园春风创意商业区、怀来国际有机农产品种植加工基地。

1. 颐和春风智能生态康养示范区

颐和春风智能生态康养示范区以专业化的康复系统为核心，以智能化的疗养服务为支撑，打造生态性、多元化的居住模式。以京津冀中高端养老群体为目标消费人群，以现代科技系统＋人性化服务＋智能生态化居住管理系统为核心亮点，功能配套包括互联网＋综合性医院、生态物业检测管理中心、健身中心、养生餐厅、健康休闲广场等设施，提供健康医疗、健康管理、健康运动、健康餐饮、健康养生服务。

2. 健康文化主题商业街

健康文化主题商业街是突出文化性的商业化、健康化购物中心，集健康护理、身体疗养、休闲购物于一体，以域内及周边消费、康养人群为目标消费人群，以健康养生与商业购物相结合为核心亮点，功能配套包括健康护理、身体疗养、休闲购物等设施。

3. 怀来大健康科研产业园区

怀来大健康科研产业园区发展健康医疗研究与旅游试点，打造国家健康产业自主创新示范点。引进医疗人才、健康人才、科研人才，以促进张家口地区的大健康产业发展为目的，发展规模成型的健康产业项目，以健康社区为课题试点，进行健康研究与健康品牌推广。发展诉求为，引进健康研究与服务人员，服务小镇居民，促进健康产业发展，开展中医药宣传与普及、医学创新与交流、医药文化旅游等项目服务，功能配套包括创新创业、文化旅游、健康科研设施。

4. 蓝城·颐和春风智能小镇综合服务中心

蓝城·颐和春风智能小镇综合服务中心以便利小镇居民生活为宗旨，打造专业化、数字化、规模化的小镇智能管理与服务系统。综合服务中心建立小镇的生活居住与健康资料的智能数据平台，也是小镇的总服务台，主要为小镇的住户提供服务。项目业态包括小镇管理与智能家居服务。

5. 颐和春风田园养生文化村

颐和春风田园养生文化村突出文化性以及生态化养生特点，打造集养老、康复、延寿为一体的持续性健康管理服务。以退休或临近退休的中老年群体为目标消费人群，以养生＋康复＋延寿持续性健康管理为核心亮点，功能配套包括私人会客厅、运动休闲公园、商业购物中心设施。

6. 怀来国际水果主题博览园

怀来国际水果主题博览园整合怀来自身特产水果资源，形成完善的配套景观，进行怀来地区名片打造、品牌推广。基于怀来盛产水果的特色，在此建立水果主题博览园，供游客娱乐和观光。力求将水果主题博览园打造成游客的天堂，游客在观光之后可以品尝到水果经深加工后的产品，接触到水果相关的纪念品，使游客在欣赏的同时也可以进行水果加工品品尝、衍生品消费。项目业态包括观光体验与运营。

7. 田园春风创意商业区

田园春风创意商业区以田园风光为构建基底，以科技智能形式打造创意特色商业区域。提供生态办公设施，提高办公环境质量，吸引企业投资入驻，还可开展国际化、高端化健康研究机构服务。项目业态包括商务办公、休闲娱乐、健康产业研究。

8. 怀来国际有机农产品种植加工基地

怀来国际有机农产品种植加工基地以有机农产品种植为内容，是发展生态观光、休闲旅游、果蔬交易、生产加工于一体的种植加工区。该区支持生态、绿色的农作物种植，采用国际化的耕种方法与全生态化的培育策略及技术成熟的加工方式，兼具科普教育、农业生产、果蔬深加工等功能。项目业态包括生态有机种植、观光与交流。

四、风貌引导

在小镇风貌的引导上，规划立足于环境与功能分区的整体打造，结合环境特征和现有地块的发展方向，对不同板块进行风貌建设。

颐和春风智能生态康养示范区，风貌为“生态风光、智能系统、康养气息”，整个片区的打造体现着科学与生态的融合，表现出强烈的康养气息。

健康文化主题商业街，在现有街道基础上，强化街巷格局和肌理，梳理公共开敞空间。整个健康文化主题商业街区建设产业功能组团，打造依托健康文化主题商业街的景观带。

怀来大健康科研产业园区，打造人才聚集、设施完善的风貌，形成产业发展特色，形成人流量密集的医药文化旅游景点。

蓝城·颐和春风智能小镇综合服务中心，建设健全的智能设施，梳理多方面的数据，包括智能管理数据等。

颐和春风田园养生文化村，街道和建筑均较为人性化，风格以新中式为主，和周边的生态环境紧密融合，整体上营造田园村居。

怀来国际水果主题博览园，果香飘散，生态天然，建筑、生态环境完美融合，表现出强烈的观赏性与休闲功能。

田园春风创意商业区，建设具有国际化水平、健全的服务、强大的人才队伍的国际健康研究院，具有规划完善的健康、医疗、研究设施。

怀来国际有机农产品种植加工基地，建设“一望无际、遍布山野”的风貌。一望无边的新鲜有机蔬菜基地、散发着果香的有机果品基地、果蔬深加工基地，提供产业链更为健全的果蔬产品。

第八章　燕山—太行山片区文化产业与精准扶贫融合发展策略之七：节庆活动的引爆效应

第一节　节庆活动与精准扶贫融合发展的理论探索

一、节庆活动的概念

节庆活动不同于一般的节日活动、节日旅游等。节庆活动最大的特点是区域性和经济性。节庆活动，是对区域的自然景观、人文历史等独特资源进行挖掘后，逐渐发展传承下来的活动。节庆活动在20世纪90年代逐渐走入人们的视野，在国内已有近30年的发展。

现今，国内外对于节庆活动的研究也随着节庆旅游的日益增长而增多。对于节庆旅游，不同学者有不同角度的定义。盖茨认为，“节庆是有主题的公共庆典活动”。戈尔布莱特认为，节庆活动是“以典礼或仪式方式庆祝某一特定时刻，用以满足某一特定需要”。麦克·道涅尔等人认为，“节庆活动是指一些特定的仪式或有意识地规划和创造的记录某一特定事件的庆典活动”。①

---

① 伊恩·约曼. 节庆活动的组织管理和营销［M］. 吴恒，译. 沈阳：辽宁科学技术出版社，2005：43-45.

华中师范大学旅游规划与景观设计研究院的黄翔教授曾对节庆旅游提出“节庆旅游就是区域自然、人文、经济、历史文化特色，经过节庆形式的系统规划、开发和营销，成为旅游吸引物，从而被旅游业所利用，为当地带来社会、经济、文化等效益的一种特殊旅游形式”① 的概念。中国矿业大学管理学博士石玉凤将节庆活动分为四类：政治类节庆活动、传统民俗节庆活动、传统的地方民俗文化节庆活动、地方特色文化节庆活动。② 第三、四类由于其渐渐突出的经济效应，被石玉凤统称为“地方经济文化节庆活动”。扬州大学侯兵、陈肖静等曾指出，“国内研究的节庆一般是节日和庆祝活动的总称，即‘节日庆典’的简称。从广义的角度，大致可以分为三类：一是如春节、中秋等传统节日。二是国家法定的节日、庆典、历史事件的纪念日，如国庆等。三是各城市和地区根据自身的资源禀赋和地方特点，策划举办的带有浓郁地方特色的现代节庆活动，如大连国际服装节、青岛啤酒节等”。③

本书所说的节庆活动即属于地方特色文化节庆活动。节庆活动在全国范围内有着很大的发展，20 世纪 90 年代开始在国内起步，21 世纪初如雨后春笋般崛起，全国范围内的节庆活动超3 000种。

节庆活动根据地方特性的不同，有许多分类，四川师范大学的苏静将节庆活动分为：

①以文化艺术为主题，如绍兴乌篷船风情旅游节、舟山中国国际沙雕节、曲阜国际孔子文化节、浙江省国际黄大仙旅游节、四川江油李白文化节、浙江宁海徐霞客旅游节等。

②以自然生态为主题，如中国国际钱塘江观潮节、淳安千岛湖秀水节、哈尔滨冰雪节、张家界国际森林节、崇明森林旅游节等。

③以民俗风情为主题，如浙江省中国开渔节、浙江省青田石雕文化旅游节、中国潍坊风筝节、中国吴桥杂技节、中国临沧佤族文化节、傣族泼水

---

① 黄翔，连建功. 中国节庆旅游研究进展 [J]. 旅游科学，2006 (01)：45-49.

② 石玉凤，单博诚. 对节庆活动文化与经济内涵的思考 [J]. 科技进步与对策，2001 (02)：64-65.

③ 侯兵，陈肖静. 现代城市节庆活动旅游效应研究与思考：以扬州“烟花三月”国际经贸旅游节为例 [J]. 人文地理，2008 (04)：95-99.

节等。

④以地方物产为主题，如大连国际服装节、湖州国际湖笔文化节、绍兴黄酒节、青岛国际啤酒节、菏泽国际牡丹花会等。

⑤以民族宗教为主题，如五台山国际旅游月、九华山庙会、藏传佛教晒佛节、大理三月街民族节、海南黎族苗族“三月三”节等。

⑥以科技体育为主题，如中国青岛海洋节、中国岳阳国际龙舟节、中国攀枝花国际长江旅游节等。

⑦综合性的旅游节庆活动，如上海旅游节、广州国际美食节等。①

节庆活动，根据区域特有的资源及文化特点，进行资源整合、整体策划，对区域的经济、文化等有着重要意义。

二、节庆活动的现实意义

（一）带动区域经济发展，提高人民生活水平

“现代节庆活动具有很强的集聚效应，能够在短时间内为举办地带来大量的人流、物流、信息流与资金流，从而带动举办地旅游经济发展和城市形象的提升。”② 节庆活动首先可以带动基础设施的建设，节庆活动一般由地方政府牵头，经过对区域资源整合策划，政府给予政策和资金支持，以促进节庆活动的顺利进行。节庆活动在政府牵头下，促进招商引资，加大对贫困地区的资金投入，提升区域发展机遇。节庆活动的进行，能促进餐饮服务、住宿服务、交通服务等多方面的发展，促进产业升级，提高当地人民的生活水平。

（二）深度发掘地方特色，继承发展地方文化

节庆活动对于文化传承也有着突出贡献，文化是节庆活动能够可持续发展的内在动力，文化是现代节庆活动的灵魂。节庆活动以文化元素为依托，带动当地人民积极参与，进而形成独特的文化习俗。节庆活动能有效提高人们对文化、习俗的继承和保护意识。文化创意产品也是构成旅游经济的重要

---

① 苏静. 旅游节庆的品牌化研究［D］. 成都：四川师范大学，2008.

② 王光溥，连建功. 现代节庆活动营销初探［J］. 宜宾学院学报，2007（07）：22-24.

环节。文化创意产品集文化属性与经济属性于一体，承载节庆精神，对节庆活动起到宣传作用。

（三）打造旅游资源，创造强势旅游品牌

节庆活动打造的旅游热潮，可以丰富人们的业余生活，提高人们的生活水平。同时优质节庆旅游活动的举办，可以提升举办地旅游资源的知名度和美誉度，提升举办地的形象，带动举办地整体的发展。节庆活动将文化打造成靓丽名片，能够创造举办地独特的旅游品牌，增强举办地在国内的旅游资源竞争力。

（四）丰富人们的业余生活，提高人们生活幸福指数

节庆活动对于重视传统文化的国人来说，是非常有意义的。节庆活动的举办给予家人及亲朋一起享受自然的机会，丰富人们的日常生活，提升人们的生活幸福感。节庆活动以文化为基石，给予人们对美好生活的企盼。节庆活动的品牌效应，同时也可以提升举办地人民的家乡自豪感。

三、节庆活动与文化产业发展及精准扶贫融合的政策依据

2012 年 11 月 28 日，由国务院扶贫办和国家发改委牵头组织编制的《燕山—太行山片区区域发展与扶贫攻坚规划（2011—2020 年）》获国务院正式批复。规划中提出，脱贫攻坚产业协作发展，根据不同地区的资源，协同发展各地的农业、工业、旅游业、文化产业及服务业。就旅游业而言，发掘旅游资源，加强旅游资源整合和开发，在现有宗教文化、历史文化、红色文化和自然风光等主要旅游资源的基础上，进一步开发适合周边城市消费者休闲度假的旅游产品。重点发掘山水休闲游、农事民俗体验游、自然探险游、康体健身游、科普游、节庆游等，培育个性化、差异化的旅游产品，形成点面结合的旅游产品体系。文化产业发展重点即旅游文化活动，包括五台山国际旅游文化节、恒山旅游文化节、印象五台山大型实景演出、野三坡开山节、丰宁草原狂欢季等。

《燕山—太行山片区区域发展与扶贫攻坚规划（2011—2020 年）》第十一章中提出要对扶贫发展提供政策支持，包括财政方面政策、投资政策、产业

政策、土地政策、帮扶政策及人才政策。产业政策中提出，要实施差别化产业发展政策，鼓励资源就地转化，重点支持特色农业、文化创意、信息技术、现代物流和装备制造等产业的发展，在项目审批核准、投资、用地、信贷等方面给予政策倾斜。加大对特色农产品生产加工基地和商贸流通体系建设的支持力度。

2015 年 11 月 27 日在中央扶贫开发工作会议上，习近平总书记提出，要解决好“怎么扶”的问题，指出要按照贫困地区和贫困人口的具体情况，实施“五个一批”工程。第一点就提出了“发展生产脱贫一批”，指出“扶贫不是慈善救济，而是要引导和支持所有有劳动能力的人，依靠自己的双手开创美好明天。对贫困人口中有劳动能力、有耕地或其他资源，但缺资金、缺产业、缺技能的，要立足当地资源，宜农则农、宜林则林、宜牧则牧、宜商则商、宜游则游，通过扶持发展特色产业，实现就地脱贫”。

河北旅游政务网推出“推动旅游扶贫，打赢脱贫攻坚战”重点专题。河北省旅游工作领导小组办公室于 2018 年 6 月印发的《2018 年至 2020 年河北省旅游产业扶贫工作行动方案》，明确提出按照“政府主导、市场运作、产业发展、群众为主”的开发方针，以持续扩大贫困地区旅游市场规模、助力贫困地区和贫困人口脱贫攻坚为目标，以 10 个深度贫困县、206 个深度贫困村为重点，大力实施旅游产业扶贫开发工程，实现贫困地区共享旅游发展成果，助推全面建成小康社会和加快建设新时代经济强省、美丽河北。

党中央、国务院高度重视区域协调发展，就加大扶贫开发力度、促进中部地区崛起和深入推进西部大开发做出了一系列战略部署，为加快燕山—太行山片区发展提供了根本保证。国家加快转变经济发展方式，大力推进区域生产力布局调整和产业结构优化升级，为燕山—太行山片区发挥区位和资源环境优势、承接京津地区产业转移、促进特色优势产业发展提供了历史机遇。

无论是国家层面还是河北省政府层面，对于旅游都给予了很大的鼓励、认可及政策支持。节庆活动，立足当地自然及文化特色进行旅游开发，在带动基础设施建设、服务业等方面的贡献十分明显。依靠国家及地方政府对旅游扶贫的政策支持，节庆活动对扶贫工作将会发挥更大的作用。

第二节　顺平桃花节策划案例实证分析

一、顺平桃花节的策划背景

顺平自 2000 年利用桃花优势，举办了首届“桃花节”，不仅在短短的 7 天节庆期里吸引了周边地区的 12 万游客，取得了良好的旅游收益，还极大提高了当地桃农的综合收入，刺激了他们种植桃树的积极性，促进了当地桃树种植及相关产业的发展，使顺平县成为远近闻名的“桃乡”。

自 2000 年顺平桃花节的成功举办，到 2012 年桃花节已经举办了 12 届，每年 4 月几十万游人云集这里踏青赏花，当地形成了具有综合性、规模性的观赏旅游景区。

顺平县是林果大县，果树面积近 30 万亩，仅桃园就有 20 万亩，2001 年 8 月被国家林业局命名为“中国桃乡”。仲春时节，万亩桃花竞相开放，争奇斗艳，绵延起伏百里不绝。从顺平县城出发向西至河口、伊祁山，向北至台鱼，沿途近百里，时时见花香，处处是桃源，迎面花海，处世忧愁随即而去。顺平县对伊祁山为核心的尧文化进行挖掘，依靠山清水秀的天龙潭、国家级重点文物保护单位腰山王氏庄园等资源，丰富桃花节的旅游内涵，创造经济效益，提高人民的生活水平，为扶贫工作提供了示范性样本。

二、顺平桃花节的优劣势分析

（一）顺平桃花节的优势

1. 品牌成熟，认知度高

顺平县自 2000 年举办首届桃花节以来，已成功举办数届桃花节活动，北京、天津等地的游客对顺平桃花节也有着较高的认可度，近年来每年的游客接待人数达 30 万人次，顺平桃花节从最初的赏花踏青，已经拓展出多种功能，集玩、购、娱于一体。顺平桃花节已经成为顺平县的一张名片，也成为河北省的节庆旅游活动中十分重要的一环。

顺平桃花节知名度、美誉度的不断提升，对于后期桃花节的打造有着重要的意义。知名度的扩大，降低了桃花节的宣传难度；美誉度的提升，形成口碑效应，吸引更多游客的参与。

2. 资源丰富，潜力巨大

顺平县对桃花节不断投入政策及资金支持，随着新农村建设步伐的加快，都市人回归自然的热情不断升温，顺平县桃花节生态游这一旅游市场的新亮点也正越放越大：顺平县投资 320 万元，打通了全长 14.6 公里的伊祁山旅游环线，扩大了三分之二的景区规模；结合项目建设投入1 200多万元，对伊祁山景区新修了迂回蜿蜒的人工河道、观花台、垂钓园、游乐园等；重新定位“桃花节”并演绎为内涵多元的地域名片，组织经贸洽谈会、特色农产品展示等丰富多彩的旅游项目不但充实了桃花节庆活动的内容，还打造了顺平资源优势和良好投资环境的靓丽“名片”。随着十多年的发展，顺平基础设施也渐趋完善，旅游资源更加多样。

3. 毗邻京保，区位绝佳

顺平县东临满城区，西接唐县，南毗望都县，北连易县，东南与清苑区接壤，西北与涞源县搭界。距北京 162 公里、天津 210 公里、石家庄 102 公里、正定国际机场 90 公里、保定 32 公里，西距太原 300 公里、大同 260 公里，处于环京、津、石、保、太大经济圈的中心地带，占有明显区位优势。地理位置的优越，驱动周边城市游客的到来。

（二）顺平桃花节的劣势

1. 资源丰富，但开发不到位

顺平桃花节的持续时间较短，顺平县未充分利用旅游资源带动相应的桃果销售。周边游客停留时间较短，外地游客比较少，顺平桃花节的影响力有待提高。资源丰富，但开发不到位，设施建设不够完善，未能充分带动游客的旅游情绪。各产业之间缺乏系统性、较孤立，协同发展性较差。

2. 活动叠加，没有明确主题

就近几年桃花节的游客反映来看，顺平桃花节虽有众多活动项目，但活动的参与度、趣味性不足，活动缺乏吸引力，游客对桃花节整体印象有待提升。

另外，顺平桃花节活动较杂乱，缺乏统一性，没有明确主题，桃花节活动创新力不足。每届的主题变动，缺乏整体策划。顺平桃花节策划的品牌意识有待提高，需要为长期发展做筹谋。

3. 整体项目缺乏文化支撑

文化是节庆活动的灵魂支撑，缺乏文化底蕴的节庆活动难以长久发展。顺平桃花节在发展中缺乏对项目的整体性构想，桃花节缺乏整体延展性，对文化的挖掘有一定的欠缺。

顺平县对尧文化的保护发展，是对传统文化的继承，但是就现代文化的理念开采不足。现代节庆活动只有融入现代文化元素，才能吸引年轻人的注意，带动消费结构的改善。桃花节整体项目缺乏对传统文化与现代文化的融合，缺乏更有挖掘潜力的文化支撑。

三、策划理念

本策划将顺平地方特色文化与桃花文化相结合，将文化注入整体项目的表现与实施，实现项目的高品质化升级，形成具有良好带动效应的综合旅游营销活动。

第十三届顺平桃花节的主题为：平安、幸福，将美好祝愿寄予第十三届桃花节及各地游客。策划将从固有资源入手，重新整合开发，并对文化进行挖掘延展，借用桃花文化联结传统与现代，进行一系列新的活动策划，旨在激发游客的参与感，提高顺平桃花节的知名度、美誉度。

（一）整合资源，综合开发

顺平县旅游资源丰富，举办桃花节更是有得天独厚的自然社会条件，伊祁山不但是帝尧的出生地，周边的 20 万亩优质桃林连绵百里，周边更有王氏庄园、龙潭湖景区等景点。桃花节虽然已举办过 12 届（本案例之前），但对现有资源的开发不够彻底与全面。

首先，应当对桃花节主要资源及举办地伊祁山风景区进行综合开发与科学全面规划。伊祁山风景区面积达 17.5 平方公里，观花环线 13.6 公里，集中古顺平八景，风景秀丽。伊祁山风景区基础设施比较完善，但沿线资源开发仍待深入，亟须结合活动带动周边资源的开发，提高整体开发的深度。

其次，要加强顺平桃花节与其他旅游景点的联动，提高桃花节的带动效应。应整合顺平桃花节的资源，将桃花节进行更加深入的开发。聚集多方资源，包括人力、智力、媒体资源等，扩大第十三届桃花节的影响力，提升第十三届桃花节的吸引力，达到合作共赢。

（二）精简活动，明确主题

往届桃花节内加入了大量的营销活动，具有一定的参与性与传播性，但是这些活动没有一条明确的主线进行串联，主题性不够突出，不能体现顺平特色。

第十三届顺平桃花节应当充分挖掘品牌文化特质，紧紧抓住“心灵之旅，幸福顺平”这一主线，确立符合顺平桃花节品牌文化特质的活动主题，根据活动主题进行有针对性的创意策划。去除形式化活动，走差异化、精品化路线，力图突出顺平桃花节的品牌文化特质，使游客能感受到节日的乐趣，体验到顺平的特色，拥有美好的回忆。

将顺平地方特色文化与桃花文化相结合，将文化注入整体项目的表现与实施中，实现项目的高品质化升级，形成具有良好带动效应的综合旅游营销活动。明确第十三届桃花节“平安、幸福”的主题，并进行主题延展，整合资源，对第十三届桃花节进行整体策划。

（三）项目升级，注入文化元素

现代旅游营销活动，必须借助文化做支撑。只有拥有了文化支撑，才能够经得住时间与市场的考验，充分利用自身资源，凸显地方文化特色，形成良好盈利模式。文化不仅是节庆活动的灵魂，更是节庆活动持续发力的根基。

顺平桃花节应当进行全面的文化升级，将顺平的文化内涵注入桃花节当中，通过文化的韵味与魅力，提升桃花节整体项目质量，实现科学化、创新化、多元化的旅游产品营销。

四、具体的策划方案

（一）LOGO设计

伊祈山上摆放大字及桃花图案，用于表现活动主视觉效果，确立桃花节标志性元素。伊祁山作为顺平县桃花节标志，围绕伊祁山设计的第十三届桃花节 LOGO（商标），清晰明了地传递出顺平桃花节的“桃花文化”主题。

（二）功能规划

第十三届桃花节将伊祁山万顷桃园民俗文化村进行重新规划，规范区域职能，进行有针对性的营销活动，既分流游客，又互动联动，形成线路，相辅相成。将第十三届桃花节的功能进行拓展，提升游客的参与机会，激发游客共同参与的热情。本届桃花节对伊祁山桃园区域进行划分，不同区域承担不同功能。分为：平安祈福园、桃花源、桃乐园、桃花农家宴及桃花缘五个功能分区。

平安祈福园（祈福、许愿）：该区域设置相应基础设施，可供人们书写祝福红丝带，购买平安符等绑在桃树上祈福迎祥。桃木避邪，在我国民间有着深厚的传统文化基础。在桃树上挂丝带祈福，传达游客们对美好生活的祝愿。

桃花源（认养、观赏）：该区域专门提供桃树供个人、师生团体认养，认养人每年缴纳固定费用，可获得认养桃树的相应果实。

桃乐园（娱乐、演艺）：该区域设置表演小舞台及相应的娱乐设施，可以供游客在此观赏演出及进行娱乐活动。

桃花农家宴（餐饮、美食）：该区域设置餐饮设施，供游人在桃花林中品尝顺平地方特色美食。

桃花缘（交友、相亲）：该区域提供一些浪漫的设施及服务，如简易咖啡茶座、快照服务、情侣纪念品、情侣明信片邮寄服务等。

（三）活动策划

1. 顺平桃花节开幕式——诗乐会

本次顺平桃花节开幕式，可以采用古典诗乐会形式，包涵古典乐器演奏及朗诵与桃花相关的经典诗歌，其中可穿插表演太极拳、与桃花相关的舞蹈等体现古典唯美特质相关的活动，用诗乐文化穿越千年的魅力引爆顺平桃花节开幕高潮，为桃花节的成功举办注入强心剂。

2.“顺平桃花缘”相亲交友大会

在桃花节开幕式后，联合保定电视台在“桃花缘”区域举办“顺平桃花缘”相亲交友大会，现场进行大型相亲交友活动，并同时举办婚纱摄影、婚庆文化展示活动，充分利用和展现万顷桃园的浪漫情怀，将电视媒体现场录制带入相亲交友活动中，将爱进行到底。

3. 第三届全国东方美少女河北赛区选拔赛暨顺平桃花节“桃花天使”代言人评选

桃花节第二个周末，在“桃乐园”演出区域，举办全国著名大型综合选秀活动“第三届全国东方美少女”大赛的河北赛区选拔赛暨顺平桃花节“桃花天使”代言人评选。其间将有古典服饰 COSPLAY（角色扮演）秀环节，获得冠军的选手可获得顺平桃花节“桃花天使”代言人资格。借势该赛事，全国知名媒体都将聚焦顺平桃花节，为桃花节的宣传推介掀起新一轮的高潮。

自 3 月份开始，进行第三届全国东方美少女河北赛区选拔赛评选活动的宣传发动、组织策划，通过电视、报纸、网络等媒体发布选秀活动信息，分阶段落实。

4.“笔墨桃花游”及“春满顺平”——第十三届顺平桃花节书画精品展

在“桃乐园”区域举办“笔墨桃花游”活动，邀请书画名家在桃花林现场创作，并进行作品展出，供游人欣赏。

顺平桃花节开幕的同时，在王氏庄园非物质文化遗产展中开辟专门区域举办“春满顺平”第十三届顺平桃花节书画精品展，实现王氏庄园非物质文化遗产展与桃花节的联动。

书画展在桃林中进行，让人们在感受自然风光之美的同时，感受中华民族的深厚文化底蕴。

5. 桃花农家宴

在“桃花农家宴”区域，进行顺平地方农家美食的宣传推介活动。可以将农家饭做成套餐或快餐的形式，方便游客购买与食用，同时可以推广针对高端目标游客的桃花宴，形成一高一低、一繁一简的特色饮食推广格局，创造新的盈利增长点。

桃花“盛宴”的经济意义，不仅体现在表层的乡村旅游收入上，更体现在聚合八方人气和放大品牌效应上。对于桃花农家宴的特色宣传，可以增加农家的经济收益，同时满足游客对于农家乐的多样化需求。

6. 最美桃花微瞬间——桃花节微博评比大赛

微博评比大赛贯穿于整个桃花节活动。游客可关注顺平桃花节官方微博，将自己在桃花节的精彩瞬间通过微博形式（文字＋图片）发表，并寄送至活动官方邮箱，参加“最美桃花微瞬间”评比大赛，获奖者可获得相应奖品。

微博是现代新媒体发展的终端力量，举办微博评比大赛，有利于利用新形式、打破旧传统。通过简单、易操作的方式激发游客发表微博参与评比，可以提高受众的参与度和热情，无形中引发了网络人际（口碑）传播，可大大提升传播速度与效率。

（四）旅游专题产品开发

文化创意产品，既凝结桃花节的文化，又可以起到宣传桃花节的作用，因此第十三届桃花节将十分注重文化创意产品的开发。

本次顺平桃花节，可以在门票中含“顺平福袋”，其中包含顺平桃花节手绘地图、顺平平安符、祈福红丝带及吊牌、顺平桃花节纪念明信片，这些物品将有效引导游客在桃花节期间更好地领略和体会顺平的独特魅力。

顺平福袋、顺平平安符及纪念明信片的免费发放，寄予平安、幸福的美好祝愿，同时带动游客积极参与活动的情绪，为桃花节赢得更多美誉度，提升桃花节的品牌形象。

以“和谐顺平、祈福天下”为题，在伊祁山景区举行大型平安祈福活动，设祈福台，放飞5 000个祈福气球（小气球，可以多个组成一组），由游客题写祈福语，统一或单个放飞，彰显桃花节的举办是为了祝福顺平和谐发展和广大游客快乐平安，增加活动亮点和参与性，为桃花节的成功举办平添一份祥和、温馨气氛。

（五）传播策略

节庆未始，宣传先行。桃花节的宣传要明确目标消费者的媒介使用偏好及桃花节自身的特点，为第十三届桃花节打造专属媒介计划，为活动顺利进行打好基础。

第十三届顺平桃花节于 4 月初开始，持续至五一假期，4 月和 5 月是家人、好友一同踏青、旅游、赏花的美好时节，第十三届顺平桃花节活动多样，能满足多种消费水平的旅客的消费需求。顺平桃花节以保定周边城市的消费者为主要诉求对象，针对不同年龄、媒介使用习惯的消费者，可选择不同的媒体，对第十三届桃花节进行宣传。

第十三届桃花节作为单次宣传活动，活动前的集中投放是十分必要的。对中高等收入目标人群而言，新媒体和传统媒体的宣传都不容忽视。中高等收入的群体知识水平较高，报纸、杂志是其接触较多的媒体类型。《保定晚报》和《保定广播电视报》作为保定地区两份受众面较广的报纸，有较好的宣传效果。内容选择方面，可以从“文化”的角度对顺平桃花节的活动进行新闻报道式软广告宣传，吸引消费者的注意力。同时，可在保定地区影响力较大的《莲池周刊》投放一定量的硬广告宣传。

针对学生等年轻目标人群，网络媒体和手机媒体是主要投放阵地。可以开设活动主题网站、官方博客、官方微博等，形成自媒体，对桃花节活动自身进行宣传。还可在各大论坛、网站进行发帖、互动，形成良好的宣传效果。活动期间，可不断在微博分享桃花节盛况，利用自媒体为第十三届桃花节进行宣传。

就中老年群体而言，他们对报刊、广播、电视等传统媒体接触较多。广播频道可以选择“保定交通”频道、“保定音乐广播”频道，针对活动亮点进行较大强度的广播宣传。在周末或节假日期间在保定繁华商业街发放宣传单页，达到更大范围的宣传效果。

第九章 燕山—太行山片区文化产业与精准扶贫融合发展策略之八：自然资源与历史文化的有机结合

第一节 自然资源与历史文化有机结合发展文化产业及精准扶贫融合发展的理论探索

一、自然资源与历史文化的概念

（一）自然资源

自然资源就是自然界赋予或前人留下的，可直接或间接用于满足人类需要的所有有形之物与无形之物。能满足人类需要的整个自然界都是自然资源，它包括空气、水、土地、森林、草原、野生生物、各种矿物和能源等。自然资源为人类提供生存、发展和享受的物质与空间。社会的发展和科学技术的进步，需要开发和利用越来越多的自然资源。

（二）历史文化

文化是人类在社会历史发展过程中所创造的物质财富和精神财富的总和。历史文化就是历史上的事件或者活动流传下来的影响，积淀在民间，并由此而催生的文化。

二、自然资源与历史文化有机结合发展文化产业及精准扶贫融合发展的政策依据

（一）文化扶贫政策

2015 年国家出台了一系列推动现代文化服务体系建设的指导文件，内容均涉及“文化扶贫”问题。[①] 2015 年 1 月中共中央办公厅、国务院办公厅印发《关于加快构建现代公共文化服务体系的意见》，提出按精准扶贫的要求，集中实施一批文化扶贫项目。2015 年 12 月，文化部等七部委印发《“十三五”时期贫困地区公共文化服务体系建设规划纲要》，将“文化扶贫”提升到前所未有的高度。一系列制度安排表明，国家在扶贫攻坚战中对“文化扶贫”的重视。

（二）旅游扶贫政策

旅游扶贫于 2011 年首次作为扶贫的方式之一被写进《中国农村扶贫开发纲要（2011—2020 年）》。[②] 为贯彻落实习近平总书记等中央领导同志关于扶贫开发工作的一系列指示要求，2014 年 8 月，国务院发布《关于促进旅游业改革发展的若干意见》，明确提出要加强乡村旅游精准扶贫，扎实推进乡村旅游富民工程，带动贫困地区脱贫致富。据统计，2010 年至 2014 年，全国通过发展乡村旅游带动了 10％以上贫困人口脱贫，旅游脱贫人数达1 000万人以上。为推动贫困地区通过发展旅游业增收，带动更大范围内贫困群众脱贫，河北省出台了《关于推动旅游扶贫工作的实施意见》，大力支持贫困地区开展旅游业试点。

（三）特色产业扶贫政策

在我国进入全面建成小康社会的历史背景下，扶贫工作也进入了新阶段。2013 年 11 月 3 日，习近平总书记在考察时提出，扶贫要实事求是，因地制

---

① 边晓红，段小虎，王军，等．“文化扶贫”与农村居民文化“自组织”能力建设［J］．图书馆论坛，2016，36（02）：1-6．

② 陈秋华，纪金雄．乡村旅游精准扶贫实现路径研究［J］．福建论坛（人文社会科学版），2016（05）：196-200．

宜。要精准扶贫，切忌喊口号。[①] 中共中央办公厅、国务院办公厅印发的《关于创新机制扎实推进农村扶贫开发工作的意见》，将特色产业增收工作列为新时期扶贫开发重点推进的十项工作之一。贫困地区一般为偏远地区，区位条件较差，经济发展较为落后。但同时，贫困地区特色资源却较为丰富，如自然环境、民族文化、畜牧养殖、蔬菜种植等。因而扶贫工作的开展，必须结合贫困地区的实际情况，以产业开发方式有效发挥其特色资源比较优势，促进地区经济的可持续发展。

三、自然资源与历史文化有机结合发展文化产业及精准扶贫融合发展的路径探索

（一）自然资源的产业开发

1. 依托资源型自然资源开发模式

依托资源型自然资源开发模式主要是以当地特有的自然资源为依托，将资源变成产品，依托产品形成产业。例如，贵州的生物资源丰富，昼夜温差大，适合牧草与药材的生长，通过开发药材资源、畜牧业资源等，加快了地区资源产业化进程。四川盆地分布着大量的紫色土，紫色土的有机质含量较高，通过开垦耕地与调整种植结构来大力种植水稻、小麦、马铃薯等粮食作物，来获得经济效益。这两个地区是典型的依托资源型自然资源开发模式。

2. 企业加工型自然资源开发模式

企业加工型自然资源开发模式是指以天然的动植物为原料，经过企业对农产品进行加工而获得附加值，这样有利于保持农产品商品的稳定性及增加产品效益，从而扩大市场的占有率。[②] 例如，贵州龙里拥有大量中药材资源，包括何首乌、半夏、天麻、头花蓼、石斛、太子参、续断等 40 多个药材品种，当地人通过引进中药材加工企业，使现有药材资源转变为经济效益。贵

---

① 马楠. 民族地区特色产业精准扶贫研究：以中药材开发产业为例 [J]. 中南民族大学学报（人文社会科学版），2016，36（01）：128-132.

② 肖红波. 西南民族地区农业资源开发的优势及其模式研究 [J]. 中国农业资源与区划，2016，37（08）：186-190.

州西部盘县、水城以饲养“黑毛羊”出名，通过引进羊毛、羊肉等加工企业，获得经济效益。

3. 产业文化型自然资源开发模式

产业文化型自然资源开发模式是按照地区自然景观与风土民情特点，积极发展农业观光旅游，通过开展观光旅游产业来实现农业可持续发展。① 例如，四川福德生态农业观光园就是利用了当地丰富的水资源与自然风光条件，以蓝莓生产为核心，以农业景观、休闲垂钓等为基础，形成科普修学、农业观光、商务会议、运动健身等一体化的特色农业观光生态园。此外，贵州盘县是全国旅游大县，无论是自然风光、历史文化，还是风土民情，都有独特的地方。境内有古人类文明遗址盘县大洞，还有三个省级风景名胜区。盘龙生态产业园利用当地农业资源，先后建立了农业、种植业、中草药、精品水果及生态蔬菜产业基地。当地采用观光旅游、生态酒业、温泉度假、特种养殖一体化经营模式，带动了地区农民就业，提高了农民收入。

（二）历史文化的产业开发

1. 以名人、名事为核心 IP 进行的产业开发

名人 IP（知识产权）已经成为一个地方最为核心的资源和优势。中国历史悠久，文化底蕴深厚，名人文化资源非常丰富，如汤显祖之于抚州市、纪晓岚之于沧县、张骞之于固县、傅抱石之于新余市、鲁迅之于绍兴市、齐白石之于湘潭市等。利用名人 IP 文化资源，开发名人纪念馆、相关的戏剧影视作品、教育培训活动，与饮食文化、茶文化、酒文化相结合，发挥名人 IP 文化的综合效益，将历史名人 IP 有效转化为文化资本，催生新的文化产业业态，是一种新型的历史文化产业开发模式。围绕历史文化名人产生的商业价值，可以在不同领域里进行开发，从旅游景点、剧院餐饮、酒店到公共文化设施，构成一个以名人效应为中心的文化产业生态链，带动整个地区文化产业的发展，实现社会效益和经济效益的双赢。

---

① 肖红波. 西南民族地区农业资源开发的优势及其模式研究 [J]. 中国农业资源与区划，2016，37（08）：186-190.

2. 古城及历史街区的旅游化开发模式

街区旅游化开发模式指的是以旅游开发来平衡经济支出，带动街区商业发展的模式。采用旅游化开发模式的古城及历史街区主要有黄山屯溪老街、江苏周庄、江苏同里、山西平遥古城、湘西凤凰古城、四川阆中古城、贵州镇江古城、云南丽江古城、云南丽江束河古镇、云南腾冲老街、云南独克宗古城、江西婺源、浙江西塘、拉萨八廓街等。古城及街区采用旅游化的开发模式可以实现对历史街区的保护，同时也可以获得经济价值，是一种科学的文化产业开发模式。

3. 酒文化旅游开发产业化模式

中国是世界上最早掌握酿酒术的国家之一，酒不仅是一种客观的物质存在，更是一种精神文化的象征。几千年来，中国酒文化一直不断丰富和深化着华夏民族的文明进程。源远流长的中国酒文化通过不断积淀，早已成为旅游资源，具有丰富的旅游内涵。四川宜宾创造性地将酒文化融于旅游业，形成了一种新型的产业化模式。四川宜宾盛产优质白酒五粮液，地方政府因地制宜大力发展以五粮液品牌为载体的旅游产业，以酒文化推动旅游业开发，又以旅游开发带动酒文化及品牌文化的综合发展，实现了旅游业与酒文化的互惠双赢，促进了当地经济的发展。

4. 非物质文化遗产的文化创意开发模式

我国传统文化的重要一环就是非物质文化遗产，保护好非物资文化遗产对我们的文化传承有重要作用。文化创意产业是以文化元素的创意与创新为基础，再经过现代技术的加工形成创意与文化相结合的产品，从而形成一定规模的且较为有潜力的产业。我国非物质文化遗产的开发保护经历了抢救性、整体性、生产性三种不同的模式，在此过程中人们渐渐意识到“非遗资源”不仅有历史价值、审美价值，还具备潜在的巨大经济价值。实践证明，非物质文化遗产和文化创意产业结合起来对彼此的发展是非常有利的，文化创意产业的出现让“非遗”走向大众生活，“非遗”又使得文化创意产业的创意资源与素材得到丰富。非物质文化遗产的文化创意式开发，不仅很好地保护了“非遗”，还可以产生巨大的经济效益。

5. 历史文化遗产数字化开发的产业化模式

此模式比较典型的案例之一是汉长安城的数字化开发。汉长安城是我国迄今发现的文化含量最高的都城遗址，具有极高的历史与文化价值。在数字化日新月异的发展下，将数字化虚拟现实、三维技术运用于文化遗产的保护与开发中，通过数字化技术的方式建立历史文化数字化资源库、历史文化数字化植入载体、历史文化数字化互联网应用链三个环节模式的汉长安城历史文化数字化途径，构建汉长安城历史文化基因数字化产品，通过资源库、植入的载体、互联网应用链实现内容产品的开发，形成了一条产业链。汉长安城是历史文化遗产数字化开发模式的典型代表，通过数字化模式的开发，历史文化遗产得以保护，同时又可以获得经济价值。历史文化遗产数字化开发的产业化模式是一种历史文化现代化的开发模式。

（三）自然资源与历史文化有机结合的产业开发

1. 小五台山的文化产业模式

自然资源与历史文化有机结合的文化产业发展模式在河北省小五台山自然资源的开发过程中早有运用。小五台山位于河北省西北部号称“京西第一州”的蔚州（县）境内，拥有丰富的动植物、山地、水资源。在小五台山的自然资源开发过程中，自然资源的文化、艺术内涵开发模式将自然资源与历史文化有机结合在一起，形成了特色的文化产业发展模式。

小五台山历史悠久，历代帝王遗留下来的寺庙等古建筑由于年久失修影响了观赏价值，开发时，在对古建筑重修的过程中，与佛教文化、古诗、摩崖石刻、历史人物相结合，开发了古建筑的文化内涵，增加小五台山的文化气息，形成小五台山俗中有雅的独特文化韵味。蔚县剪纸从清朝道光年间至今已有超过150年的历史，是国内唯一的以阴刻为主的点彩剪纸，在国内外享有盛誉。据此，小五台山在景区内风景秀丽的地方设置了定点场所，定期举行剪纸艺术品展览，并请艺人进行现场表演，将小五台山的旅游景点和珍稀动植物用剪纸的形式表现出来，增加了景区的艺术内涵，获得了很好的经济效益。

2. 长白山区域旅游开发模式

自然资源与历史文化有机结合的文化产业发展模式在长白山区域旅游开发的过程中也有较为典型的体现。长白山是我国与五岳齐名、风光秀丽、景色迷人的关东第一山，长白山既是一座物产丰富的自然资源宝库，也是一座底蕴丰厚的文化资源宝库。在长白山区域自然资源开发的过程中，充分结合自身众多的自然、历史文化遗存，在山清水秀的自然环境中，吸收民族文化要素，以创意驱动，结合长白山悠久的历史、经典传说、朝鲜族和满族的传统民俗舞蹈和传说、农业和林业传统生产习俗等，通过高科技的表现手法策划出了优秀的实景演出。通过实景演出将自然资源与历史文化很好地联结在了一起，增添了长白山旅游区的文化品位和文化体验，形成了资源与文化相互依存、相互支撑、相互转化、相互促进的科学发展格局。

自然资源与历史文化有机结合的文化产业发展模式不仅可以将地区的自然资源高效利用起来，更为自然资源增添了文化艺术的内涵，是一种极具特色的地区文化产业发展模式。

第二节　青龙满族自治县南胡哈美丽乡村概念性规划设计案例实证分析

一、项目背景

（一）政策背景

1. 中央战略

2015 年，国家旅游局下发了《关于开展“国家全域旅游示范区”创建工作的通知》。《通知》指出，开展全域旅游有利于“进一步发挥旅游业在转方式、调结构、惠民生中的作用，实现旅游业与其他行业产业的深度融合，积极构建‘产业围绕旅游转、产品围绕旅游造、结构围绕旅游调、功能围绕旅游配、民生围绕旅游兴’全域旅游发展格局，推动旅游产业向深度和广度空间拓展，树立旅游业战略性支柱产业的形象”。

2. 地方文件

为了响应秦皇岛市“旅游立市”和“上山下海”旅游发展战略，推动地方经济发展，2011年末，秦皇岛市政府出台《关于加快发展乡村休闲旅游的意见》。《意见》指出，通过3至5年时间，建设功能齐全、内涵丰富的乡村休闲旅游通道系统，培育一批乡村旅游示范村镇，树立一批乡村旅游先进典型，重点打造具有秦皇岛地域文化特色的乡村休闲旅游知名品牌。

目前，无论是中央还是地方都出台了关于旅游开发的政策文件，全国各地美丽乡村建设正火热进行中。在这一背景下，规划南胡哈乡村旅游发展的生态文化创新型项目，要抓住机遇、迎接挑战，以服务民生，推进区域产业发展。

（二）村庄概况

南胡哈村位于秦皇岛市东北95公里、青龙县城东南60公里处，是东北进入华北的门户。整个村子被燕山山脉环绕，天然形成的石长城、石佛山等自然景观雄伟壮丽。

南胡哈村房屋错落地排列着，像一把玉石子散落在山谷里，是典型的山村民居。土地多是梯田，种植玉米、谷子、山楂、梨树、板栗、红薯、花生等作物；四周的山林风景如画。

南胡哈村虽然面积不大，仅仅11平方公里；海拔也不高，仅仅800米，但奇石环列，林涛起伏，山花烂漫，果木飘香。奇石当中有数尊天然石佛，全都体形巨大，惟妙惟肖。此外，还有蜿蜒如龙的天然石长城，一直延伸到山海关。在这里可以赏奇石、观山景、听松涛，感受大自然的神奇造化。伴随天然奇石的，还有遍布山沟小岔的各种干鲜果品，如樱桃、甜杏、酸梨、板栗等。春天来了可以赏花，秋天来了可以尝果，劳作之余，能够尽情享受大自然的馈赠。

（三）区位优势

1. 交通条件

南胡哈村东眺渤海、南据京津、西接承德、北望辽宁，距县城60公里、距秦皇岛市区95公里。随着承秦高速的开通及地方公路的修建，进入南胡哈村的交通条件越来越便利。

2. 气候特点

南胡哈村地理位置优越，属温带大陆性气候和海洋性气候交叉地带，昼夜温差大。独特的气候条件非常适宜山场植被、蔬菜以及各种农作物生长，同时也适宜各种家禽散养，是适宜人们休闲度假的好去处。

3. 生态资源

南胡哈村所在区域植被覆盖率高，自然景观资源丰富，涵盖了神仙谷、石长城、石佛山、官财石等风景区。神仙谷植被茂密，空气清新，生态景色幽美；绵延数里的石长城气宇恢宏，巨石群自然天成，气象庞大；石佛山顶的石佛千百年来巍立不动，在松林掩映下保护一方平安；官财石、通田洞、对语石、神厨石、飞来石、金刚顶、神仙洞等形态逼真、变幻莫测。

4. 特色产业

南胡哈村板栗、苹果、酸梨、小枣等特色果品种植及山羊、柴鸡等家禽家畜养殖已有几十年的历史。此外，野生蘑菇品种也极多，口感独特。未来建设农特产品交易市场，有助加快当地农产品产业化发展。

对于吃腻了快餐、喝厌了咖啡的都市人来说，与其羡慕农家的舒爽滋润，还不如走进满族村，观赏特色民俗，体验满族风情，感受乡村闲适。南胡哈村开发时间较晚，民风淳朴，民俗保存较为完好，有助于发挥本地满族文化特色，具有很强的可塑性和巨大的开发价值。

二、核心理念

南胡哈村自康熙年间至今已有300余年历史，具有深厚的历史文化底蕴，围绕着生态、民族、文化，南胡哈村的美丽乡村建设形成了独特的核心理念。生态，优质的生态地理环境景观资源；民族，深厚的满族历史文化内涵；文化，诗词文化传承地。本规划致力于将南胡哈村打造成为中国第一个满族生态民俗特色旅游村——“三大组团”和中国诗词文化传承地——“一大亮点”。

三、规划方案

规划方案主要围绕着“三大组团”和“一大亮点”进行设计。

“三大组团”主要包括满族民族风俗街、满族特色民宿、天然石长城地质公园。

“一大亮点”指的是学诗路。

（一）三大组团

1. 满族民族风俗街

满族民族风俗街还原原始满族民族风情，致力于做具有当地特色的“满家乐”，传承发扬国家非物质文化遗产，让游客体验满族非遗民俗表演、满族祭祀仪式表演和品尝满族特色美食，全方位感受当地的民族文化。

2. 满族特色民宿

充分利用当地现有民居条件并加以改造，营造具有满族民族特色的民宿，使游客充分体验满族民族风情。对当地原有的满族特色建筑加以改造，传承满族八旗文化，注入现代元素，进行生态化和现代化再设计，创造出兼具满族特色与现代审美的生态民宿——山中小舍。

3. 天然石长城地质公园

深度整合开发当地旅游资源，完善景区基础设施，使游客在体验民族风俗的同时享受壮美的自然风光。在燕山造山运动中天然形成的石长城，逶迤南北，具有雄、奇、幽、净、秀等特色，巨大的石墙沿着山脊绵延了十几公里，宛如蛟龙盘卧，又好似气势恢宏的万里长城。因此可以整合利用当地丰富的地质景观资源，打造以石长城为亮点的自然地质公园。

（二）一大亮点

此次规划的一大亮点就是构建了中国第一条少儿旅游学诗路。指的是利用当地现有的栈道条件，在其两侧的奇石上镌刻名家诗词，打造一条“学诗路”。

学诗路的创建具有深刻的目的和意义。中国是一个有着悠久历史的文明古国，诗词歌赋在其间闪烁着耀眼的光辉，它们不仅是中华民族的文化瑰宝，而且是人类的文明遗产，具有丰富知识、励志怡情、明理启智等作用，其终极价值在于表现人类共同的美好情感，具有超越时间和空间的永恒魅力。然而如今诗词发展势微，尤其少年儿童对于诗词的接触越来越少，将传统诗词文化融入南胡哈秀美的自然风光之中，使游客在观光游览的过程中，既可享受“移步易景皆诗情画意，一山一木颂锦绣中华”的独特体验，更可以培养青少年对于中华诗词中山水意境的感悟和兴趣，对于南胡哈则具有塑造中华文明传承地、打造生态人文特色风景区、弘扬诗歌艺术、启迪审美情趣、净化心灵等多重意义。

学诗路的构建主要通过深度开发产品加活动的形式，集结书法大师题写诗词，开发旅游产品。请书法大师题写诗词，再将其书法笔迹印刻在山谷栈道旁的巨石上。将印刻在巨石上的书法笔迹，制成书法集，向游客售卖，开发旅游产品。以书法和诗词为出发点，创办文化活动，如办书法诗词大赛等，吸引艺术院校师生、书法爱好者前来参加诗会活动，吸引诗词爱好者前来探讨诗词。

四、宣传策略

此次规划的营销传播策略既依赖于传统媒体的资源优势，又巧妙利用了互联网生态吸引了更多人的关注。

（一）传统媒体

立足高端，借助强势媒体的资源优势，重塑品牌，完成品牌宣传。通过策划与权威媒体的合作，打造“探秘——南胡哈天然石长城”节目。邀请地质学家探访南胡哈天然石长城，解密天然石长城的形成，以“节目”造势，对外宣传南胡哈天然石长城之奇、之美，诱发受众好奇心，吸引大众注意力，提升南胡哈知名度，以带动当地旅游经济。

（二）新媒体

在互联网生态下，从乌镇举办“戏剧节”的成功案例中吸取优秀经验，同时结合南胡哈村的当地特点与打造中国诗词文化传承地的规划理念，可以尝试举办“南胡哈诗词文化节”，引爆互联网热点。既能引发人们对南胡哈的关注，同时也能赋予其新时代的内涵和灵魂。

五、视觉表达

视觉表达部分主要通过风光、民宿、民俗三部分内容突出南胡哈村视觉效果，给人以视觉上的享受。

（一）风光篇

天然石长城断崖迭出、幽谷叠翠、怪石如笋、奇峰林立，处处奇峰怪石、断崖绝壁，如鬼神斧砍开凿，似人工雕琢垒砌，形态各异，有如城墙，依次排列在海拔近800米的山脊之上。

神仙谷、神仙洞、天鼓、笔架山、长寿石、骆驼峰、狐狸顶、三寸金莲、龟蛇求道、对语石、猴石、猴椅、老虎石、老虎洞、官财石、神仙石、菜板石、犀牛下山、常祖远眺、情侣松等景点大有人动景移、变幻万千之势。

（二）民宿篇

结合满族八旗文化，将不同的院落布置为正黄旗、镶黄旗、正白旗、镶白旗、正红旗、镶红旗、正蓝旗、镶蓝旗格局，进一步体现满族民俗文化。

不同形态的民宿错落有致、风格迥异、古朴简洁、大方儒雅。山间的咖啡馆若隐若现，群山环绕，别有一番风韵。

（三）民俗篇

1. 青龙猴打棒

猴打棒是青龙满族人民自编自演的民间舞蹈，蕴含了丰富和深厚的民族地方文化内涵，是探索研究满族人民生活情景的珍贵文化史料，是民族民间舞蹈表演艺术的一个典范。

2. 皮影戏

皮影戏在青龙被俗称为“驴皮影”，是个古老的戏种，于清朝末年开始出现在青龙。青龙人每逢庆祝节日和嫁娶、寿诞、丰收等喜庆日都请皮影戏班子演戏表示庆贺。

3. 青龙满族寸子秧歌

满族寸子秧歌是满族宫廷和民间生活相结合的一种舞蹈表演形式，已有几百年的历史。满族寸子秧歌是秧歌的一种，它是在秧歌的基础上加入了人们对美的向往与渴望，逐渐地增加了许多艺术色彩。逢年过节，当地大多以自然村为单位组织满族寸子秧歌会。

4. 满族特色饮食文化

南胡哈的美食琳琅满目，有满族火锅、满族八大碗、满族福肉、满族饽饽、豆面卷子、酸菜白肉血肠、萨其马等，美味可口，不可胜收。南胡哈村民通过为游客提供满族美食，带动当地旅游经济。

总之，南胡哈村美丽乡村规划主要是通过大力发展循环农业、绿色农业，实现无公害生产，提高农业综合生产能力，改善农村生产生活条件，创建生态环境良好的新农村。通过实施美丽乡村规划能够使自然资源得到有效保护、食物安全得到有效保证，逐步形成一个良性的农业生产系统。通过持续的循环农业和生态农业建设，必然会改善项目区的生态环境，使南胡哈村山更绿、天更蓝、空气更清新，形成人们向往的良好生态环境。

第三节　青龙满族自治县干沟乡东沟村精准扶贫规划建设概念性设计案例实证分析

一、指导思想

东沟村以党的十八大精神为指导，深入贯彻落实科学发展观，全面落实青龙县委“建设幸福村居，打造美丽乡村”的工作部署。以党的十八大和十八届三中全会精神为指导，有力执行县委、县政府的决策部署，在践行党的群众路线教育实践活动，统筹推进党的建设、招商引资、项目建设、特色农业、信访稳定和社会事业全面发展等项工作中，高站位、高标准、高水平，抓出特色，明确了“12247”工作思路。以县委十二届党代会精神为指引，确保各项目标任务超额完成，确保安全稳定，维护群众利益，维护大局利益，打好四大攻坚战，创造干群一心、社会安定、和谐发展的良好局面。根据省、市、县有关文件要求，结合当地实际，特制订本实施方案。

二、总体目标

通过开展美丽乡村建设，进一步探索建设幸福和谐东沟村的发展思路，致力抓好铀矿二期、畜牧养殖、干鲜果品栽植、食品加工、纯粮酒酿造、旅游开发、中药材种植七个乡重点项目，主要围绕“文化扶贫”“旅游扶贫”“产业扶贫”三大扶贫工程建设，建设美丽新东沟村，打造县内生态文明示范村，做到以点带面、稳步推进，建成生态农业、生态旅游、生态文化特色乡村。

三、东沟村概况

（一）现状

东沟村隶属秦皇岛市青龙满族自治县干沟乡，总面积约 945.49 公顷，约 14 182.4亩。村内大部分为山地丘陵地势，村庄沿山体谷底地势呈带状分布，村域建设用地总面积约 15.28 公顷，仅占总面积的 1.6%，非建设用地总面积 930.21 公顷。全村 240 户，总人口 816 人。

（二）区位

东沟村位于干沟乡东部，干沟乡位于河北省东北部，与辽宁省建昌县、绥中县接壤，与本县木头凳镇、三星口乡毗邻。京建线省级公路贯穿全乡。干沟乡距秦皇岛市 95 公里、青龙县城 65 公里、建昌县城 55 公里。

（三）资源

从地理地貌上看，干沟乡属于浅表山区，多丘陵分布，山场面积广大，宜林宜木面积很广。从气候来看，干沟乡属于北温带季风气候，四季分明，冷暖适度，清代有名的宫廷贡米即是产自本乡。从旅游资源来看，神仙谷、石佛山、阳山洞和八仙洞等天然旅游资源得天独厚。

四、建设模式

东沟村的建设模式主要有生态保护、历史传承、休闲旅游和产业发展。按照“干沟文化＋生态旅游＋畜牧养殖”的发展思路，大力塑造专属文化，突出东沟村自身特色，打造东沟的文化品牌，促进转型升级。考虑传统优势、产业特点和生产方式，重点发展干果、畜牧养殖、纯粮酒酿造等优势产业。根据气候和区位优势，打造“杏花谷”等生态旅游品牌。总的来说，是从历史文化、生态旅游、畜牧产业三方面来建设东沟村。

五、规划方案

东沟村的发展规划建立在对其历史文化深入挖掘的基础上，依托其历史文化资源，聚焦生态旅游和养殖产业两大特色产业。

（一）相关历史文化背景梳理

1. 干沟乡的由来

干沟乡名字由来有两种说法：一是传说古镇被称为“风水船地”，原名“水沟”，后地方屡发大水且大水不退，懂风水的人把一面“干沟”两字的牌子立于水前，大水这才退去，免去一劫，名字亦因此而得。二是据《秦皇岛市地名词典》记载，清康熙九年（1670年），李、马二姓由辽宁迁此建村，以村旁季节性河流因常年干涸得村名“干沟”，干沟乡因村名而得名。

2. 交通要道

干沟是华北通往东北的要道之一，东达沈阳，西通承德，北连赤峰，南通关内北五口。这里曾经是久负盛名的粮马古道、边关榷场。

3. 历史名镇

干沟在明清、民国时期商贸繁荣，有“拉不败的哈达，填不满的干沟”之美誉，与承德、平泉、赤峰、朝阳、凌源、喀左、建昌并列，称为“热河八大镇”，是关外重要的商品集散地，又称“关外第一集”。

4. 老字号云集

清初的干沟镇商贾云集、买卖兴盛，素有“五行八作四大烧锅”之称。干沟镇有几家著名的大药房、大染坊和粮仓，出名的酿造白酒烧锅就有五家，民间有“干沟烧锅酒，开坛十里香”的传说。字号分别是永源兴、聚诚裕、同成裕、兴黄美、兴顺永，其中裕字号曾产出专供皇家的御酒。

（二）生态文化旅游建设性方案

1. 自然景观

（1）八仙洞。

辖区内阳山洞、八仙洞等自然景观，峰奇洞异，古树参天，涧水清澈，香烟弥漫，秀美奇险，堪称人间仙境。

（2）石长城。

景区内奇峰天成，古木如画，群门向天，清流如歌。天然石长城气贯如虹，绵延数百里，由于水流的长期切割，石长城多处出现豁口。石长城与四周的山峰连成一体。

（3）粮马古道。

干沟乡因四通八达的道路汇集在这里，而成为久负盛名的粮马古道、边关榷场。干沟 150 公里外便是山海关，山海关因为军事和政治的原因，商路时有时无。而出长城散关北五口，即义院口、界岭口、桃林口、冷口、喜峰口到关外一天的路程正好赶到干沟。无论是战时，还是和平时期，这里都是民间的粮马古道，是当时非常重要的贸易场，是北方著名的粮食和皮毛流转、加工和手工业品主要集散地。

2. 古村落

东沟村的老旧民居保存了较好的满族建筑风格，特别是灰瓦屋顶、屋檐屋脊的装饰花纹、网格式窗棂等都独具特色。对其修缮后有较高的观赏及研究价值。

3. 景观建设理念

以东沟村杏花谷、灌溪百折、迎宾亭、烧锅酒作坊和杏亭小榭观景平台等景观节点为一体，以浓郁满族建筑风格的景观节点为点缀，游客至此或可赏景留影，或可驻足小憩，或可露营体验，满足游客到东沟村美丽乡村游“看得见山、望得见水，记得住乡情”的美好乡村体验。

（1）“杏花谷”建设构思。

“杏花谷”为供人们爬山、赏景、拍照、游玩的景区。杏花谷 3 月可以赏杏花，6 月可以采摘山杏，投资小、见效快，种植也不额外占用耕地，花期可赏花、果期可采摘，能够带动旅游的持续性发展，可有效促进农民增收致富。

①“杏花谷写生基地”建设构思。

每年清明前后，白里透着红的杏花开得满山遍谷，远远看去一片香雪花海，光耀夺目，令人心旷神怡。所以，可以在杏花谷依托天然的自然景观、特色的满族式乡村建筑、独有的观景高地和特色民宿提供便利的吃住，建立“杏花谷写生基地”。

东沟村邻近京津冀，北京、天津、河北拥有大量设有美术专业的高校。当地可与京津冀美术类艺术高校合作，由高校组织师生前来写生基地进行写生培训，进而可以吸引写生爱好者、画家前来写生基地写生，可带动生态旅游和民宿经济。

②杏花谷特色活动。

杏花谷可设置三种特色活动。杏树认领活动。通过认领杏树，游客可以对认领的杏树施肥、除草、浇水，享受、体验农耕生活，欣赏田园风光，呼吸新鲜空气。杏花节。三、四月是赏杏花的最佳季节，举办杏花节，供游人拍照、游玩，可聚揽人气。丰收季活动。游客在杏花盛开时可以拍照留念，杏子成熟时可以亲手采摘，不但能尽情领略劳动的乐趣，而且能享用到真正的绿色无公害水果。

（2）“灌溪百折”建设构思。

“灌溪百折”因夏日里泉水叮咚的山谷中，静静的河水蜿蜒流长贯穿整个景区而得名。游人在此可以观光、嬉戏。冬日小溪点缀着一条条银装素裹的冰柱，往日流水潺潺的河溪凝结成洁白的“玉带”在山间舞动，美景如画，使人流连忘返。

（3）“迎宾亭”建设构思。

迎宾亭在山下，是游人上山的起点，就好像在迎接客人一样，所以取名“迎宾亭”。

（4）“烧锅酒作坊”建设构思。

干沟烧锅酒历史悠久，明清时期干沟古镇就有七行八作六大烧锅，其中干沟烧锅酒名扬关内外，有“干沟烧锅酒，开坛十里香”的美誉。烧锅酒作坊的建设构思就来源于历史上的干沟烧锅酒。

烧锅酒作坊致力于建设一个以酒文化展示、体验为主题的酒馆。让游客亲眼去见识酒的酿造过程，并参与到酒的酿制过程中来。

（5）特色民宿建设构思。

结合“生态旅游＋健康生活＋特色民宿”的发展逻辑，构建属于东沟村自身特色的民宿，可提供积极、乐观、健康的旅游方式。

东沟村的特色民宿有着独特的建设理念，集中体现在以下几个方面。

体现特色：加强古建筑村落、自然生态村落、民俗风情村落等的保护与开发，体现原始美、本土美，精心加以策划设计，发展原汁原味的民宿，展示东沟村经济、文化的演变和农民生活的转变，让游客了解其乡土文化。

结合产业：结合区域产业特色，可依托东沟村的历史文化背景和天然的景观优势，重点发展以观光、采摘体验、休闲度假为特色的民宿。

丰富经营形态：在趣味性、参与性、体验性上下功夫，因地制宜开发采摘杏、垂钓、酿酒等生活体验、趣味劳动项目，组织游客观看、参与送鬼节放河灯、正月十五秧歌会、老爷庙庙会等民俗文化活动，丰富民宿经营业态，增强双方互动，形成东沟民宿独特的魅力。

加强宣传推介：引导经营业主完善经营设施，提升服务质量，整治民宿内外环境，丰富经营业态，赢取游客良好口碑。利用游客“口耳相传”，赢取“回头客”，并将民宿产业列入旅游推介范围，通过电视、报纸等媒体，以及组织推介会、研讨会等活动，加强宣传推介力度，不断扩大民宿的知名度和影响力。

针对民宿的风格，设计了四种风格迥异的方案。方案一是山村印象，以当地的房屋建筑为主，突出山村环境的清幽静谧。方案二是水墨灰白，以水墨色为主基调，结合现代化的建筑理念，光线、朝向都恰如其分。方案三是白描小舍，此类民宿主要是建在群山之间的二层公寓，颜色以亮色为主，在青山绿水的环绕之下更显别致淡雅。方案四以突出夜景为主题，夜色之下，屋舍、灯光融为一体，温馨祥和。

特色民宿的构建致力在饮食、装修、服务和配套设施上下功夫，以打造全方位、多角度的有着鲜明特色的民宿。

饮食：结合当地人特有的食品，在菜单上要体现地方特色，形成“农家乐”菜品系列。特色主打菜要有一个传闻故事与之相配。特色农家宴菜品齐全，既体现当地的特色，又满足游客的不同需求。

装修：结合当地满族特色的房屋风格，在色彩运用、家具装饰方面的风格要与之相符合，营造一种独特且温馨的气氛。

服务：民宿提供导游向导服务，向客人介绍旅游信息，还可以提供接送、篝火晚会活动等服务。

配套设施：除了必要的设施之外，要配有休闲的咖啡馆、酒吧、标准化的自用小厨房等设施，满足不同消费者的需求。如山村艺术酒吧既有浓郁的山村气息，又满足了游客现代化的需求，成为当地有特色的配套设施之一。

（三）产业扶贫建设方案

1. 因地制宜，大力发展养驴产业

（1）养驴产业。

驴肉具有补血、益气补虚等保健功能，驴肉还具有两高两低的特点，即高蛋白、低脂肪，高氨基酸、低胆固醇，对动脉硬化、冠心病、高血压患者有着良好的保健作用。

发展肉驴养殖业市场潜力大，前景广阔，是当前发展农村经济、增加农民收入的一条重要途径。而且根据东沟村的地形特点和气候环境，适宜大力发展肉驴的养殖业。

（2）养驴产业发展分析。

①养殖管理成本低。

驴的适应性极好，抗病力很强，容易管理，很适合创业者施展身手。养驴风险小、投资少、效益高。驴的饲料来源也很广泛，即使牧草不足，也可以充分利用农作物秸秆、粮食下脚料等作为饲料。用粮食等精饲料极少，饲养成本低。

②市场潜力巨大。

食驴肉之风在广东、浙江、江苏、山东、河南、河北、山西、福建、湖南、辽宁等地兴起，这表明市场缺口大，开发饲养肉驴有很大潜力。

③国家政策鼓励支持补助。

国家政策鼓励个体创业，特别是对农业养殖更是给予资金补助支持，各级地方政府也出台了很多的资金补助条例。

④渠道广泛。

驴皮是中药业、轻工业生产的原料，一直供不应求。在山东济宁驴皮可用于制革，并且具有药用价值，是名贵中药“阿胶”的原料。驴肉为保定特色美食，数家驴肉火烧名店对驴肉有着很大的需求。东沟村距离保定和山东有很大的区位优势。

（3）产业链分析。

驴的利用价值很高，除了役用和肉用外，还具有很高的药用价值，其肉、皮、骨、毛、蹄、胎衣、胸腺、阴茎、脂肪和乳均可入药，也可食用。在孕驴血清中，可以提取促性腺激素，开发利用价值很高，可以形成一条产业链。驴产业包括以饲养繁育为基础的养殖业，以驴奶、驴肉、驴皮等畜产品加工为主要内容的传统加工业。发展驴产业是提升传统畜牧产业、促进人民群众增收致富的重要途径。

2. 进行特色农产品开发

（1）干沟烧锅酒。

加大旅游产品的形象包装和宣传推介，在发展旅游业的同时，进行特色农产品开发。比如，包装推广干沟的纯粮酒酿——干沟烧锅酒。另外，还可以制作一种当地农家特色的“酒”，如可以考虑以桃花、桃子入酒。不仅可以发展旅游产品创收，还可以对当地进行宣传。

（2）特色农产品。

大力发展精致高效农业，扩大无公害农产品、绿色食品、有机食品生产。突出培养具有地方特色的产品，设计注册商标，统一设计包装风格，确定一两种主打的农产品，如核桃、杏仁、杏干等。

第十章 燕山—太行山片区文化产业与精准扶贫融合发展策略之九：产业发展中的生态文明保护

第一节 产业发展中的生态文明保护与精准扶贫融合发展理论探索

一、生态文明的概念

人类文明发展至今经历了三个阶段，分别是原始文明、农业文明和工业文明。生态文明是新时代人类文明发展的重要新阶段，是21世纪的主导，是遵循人、自然和社会和谐发展的客观规律，是精神文明和物质文明的总和。生态文明以和谐共生、全面发展、持续繁荣为原则。生态文明是以尊重和维护生态环境为主旨，以可持续发展为根据，以未来人类的继续发展为着眼点。在十九大报告中习近平总书记指出，要加快生态文明体制改革，建设美丽中国。“我们要建设的现代化是人与自然和谐共生的现代化，既要创造更多物质财富和精神财富以满足人民日益增长的美好生活需要，也要提供更多优质生态产品以满足人民日益增长的优美生态环境需要。必须坚持节约优先、保护优先、自然恢复为主的方针，形成节约资源和保护环境的空间格局、产业结构、生产方式、生活方式，还自然以宁静、和谐、美丽。”

生态文明不仅是人类社会文明发展的重要新阶段，同样也是城市发展的全新理念。生态，即生物之间以及生物与环境之间的相互关系与存在状态，也就是自然生态。自然生态有着自身自有的发展规律，人类社会改变了这种规律，把自然生态纳入到人类可以改造的范围之内，这就形成了文明。生态文明是人类文明的一种形态，它以尊重和维护自然为前提，以人与人、人与自然、人与社会和谐共生为宗旨，以建立可持续的生产方式和消费方式为内涵，以引导人们走上持续、和谐的发展道路为着眼点。生态文明是人类对传统文明形态特别是工业文明进行深刻反思的成果，是人类文明形态和文明发展理念、道路和模式的重大进步。

二、产业发展与生态文明的互动关系探索

300 年的工业文明以人类征服自然为主要特征。世界工业化的发展使征服自然的文化达到极致，然而一系列全球性生态危机说明地球已难以支持工业文明的继续发展，需要开创一个新的文明形态来延续人类的生存，这就是生态文明。如果说农业文明是“黄色文明”，工业文明是“黑色文明”，那生态文明就是“绿色文明”。我国如今面临的是资源约束趋紧、环境污染严重、生态系统退化的严峻现实，也面临着城市环境与农村环境两极化的问题及环境问题与贫困问题等。

环境问题多种多样，其中自然少不了人的影响。在人类进行产业发展时，人类的一些生产和生活活动引起了生态系统的破坏和环境的污染。在遭受人类破坏和污染的同时，生态系统反过来又在威胁人类的生存和发展。人类在进行产业发展时，向自然环境排放超过生态系统自净能力的物质或能量——化学物质、放射性物质、噪声、废热等，从而引起环境系统结构与功能的紊乱并使环境质量下降，对人类的生存与发展、生态系统造成不利影响。除此之外，还衍生出许多不利于人的环境效应，如二氧化硫造成的大气污染，除了使大气环境质量下降，甚至还会造成酸雨。为了产业发展，人类生产活动中的不合理开发、利用自然生态系统，使自然界的自然化无法正常运行而造成生态系统生产能力显著下降和结构显著改变而引起环境问题，如过度放牧

引起草原退化，滥采滥捕使珍稀物种灭绝和水土流失、土地荒漠化、土壤盐碱化等。产业化的发展也造成了整个社会乃至全球普遍面临的生态问题：大气污染、水污染、森林破坏严重、土壤盐碱化和沙漠化、垃圾污染、生物多样性损失、能源和资源短缺、酸雨污染严重、温室效应和臭氧层破坏。

国务院总理李克强曾提出，中国不愿意也不能走“先污染后治理”的老路。因为我们过去的绿水青山是祖宗留下的，未来美丽的环境是子孙后代应当享受的，当代人要有责任感。同时，我们也清醒地认识到，中国的基本国情，除了人口多，还有就是环境承载能力脆弱，我们用世界上不到9%的耕地养活了20%的人口。我们的人均耕地面积、人均水资源占有量都远远低于世界平均水平。我们没有这个能力去继续走高投入、高排放乃至高污染的路子。实现现代化是中国人的共同意志、强烈愿望，不可逆转。但是，我们必须“在发展中保护，在保护中发展”，走出一条中国特色的现代化道路。所以，中国政府坚定走绿色发展道路的理念，同时铁腕出击来整治现有的污染，不再欠“新账”，并且要多还“老账”。

三、生态文明保护背景下的文化产业发展与精准扶贫新思路

“精准扶贫”思想是习近平新时代中国特色社会主义思想的重要组成部分，“精准扶贫”思想的形成是马克思主义与新时代实践相结合的理论创新。党的十八大以来，以习近平同志为核心的党中央高度重视脱贫攻坚，把精准扶贫摆到治国理政突出位置，打响了一场脱贫攻坚战，提出到2020年让7 000多万农村贫困人口摆脱贫困的战略目标。

生态文明是人类社会针对工业化发展过程中出现的资源枯竭、生态破坏、生存环境恶化等问题形成的新的文明方向。生态文明保护和精准扶贫之间存在着密不可分的联系，生态文明保护和精准扶贫中的产业发展的融合是势在必行的发展趋势，同样也是社会的必然选择，是构建和谐社会的必由之路。

在产业发展中实现精准扶贫和生态文明保护的策略，关键在于精准地找到市场对经济欠发达地区生态文明建设的有限需求。精准扶贫与生态文明保护的融合，是经济欠发达地区贫困人口实现小康生活的重要保障。精准扶贫

与生态文明保护的核心思想是一致的，就是要构建社会主义和谐社会，实现人与自然的和谐发展。在实现产业发展的同时，通过各类专项扶贫工程提高经济欠发达地区贫困人口的收入和幸福感，同时也要守住脆弱的生态环境。产业发展、精准扶贫、生态文明保护三者不是对立的关系，是可以协调共进的和谐关系，并且科学发展观的要义就是既要经济社会的发展进步，又要留得住青山绿水。

第二节　张家口赤城大海陀桃源小镇规划设计案例实证分析

一、桃源小镇项目概况

桃源小镇的规划基地位于张家口赤城县的西南部、大海陀乡的东北方向，面积为680 092平方米（1 000亩），地块现状为居民区、农业用地、山地以及闲置空地。

（一）基地位置特点和优势

1. 地理空间

桃源小镇东南方向紧邻241省道，中部有道路穿过，交通条件较为便利。

2. 发展阶段

桃源小镇依托其优越的地理位置和生态、自然条件，在居住和旅游方面发展前景广阔。

3. 发展诉求

桃源小镇旨在为人们提供居住、旅游休闲等服务，为人们提供理想生活状态的空间。

（二）项目地块分析

赤城县位于北京北部、河北省西北部、张家口市东部，东接承德市，南接北京市，西邻张家口市，北靠坝上草原，与丰宁县、怀柔区、延庆县、怀来县、宣化县、崇礼县、沽源县接壤，县境南北长95公里，东西宽88.75公里，总面积5 284平方公里，县辖9镇、9乡、440个行政村、1 318个自然村。

大海陀乡地处赤城县西南部，东北靠雕鹗镇，西北接田家窑镇，西南临怀来县，东南与北京市延庆县接壤，241（宝平线）省道纵贯全乡，谋划中的延崇高速由乡域东部穿过，并于241省道预留出入口。乡政府驻地东山庙村北距赤城县城约35公里，西距张家口市主城区约120公里，东南距延庆县城约55公里，处于京津冀协同发展区域中心地带，区位条件优越，交通便利。

（三）区域分析

1. 区域优势

从北京八达岭出发，途经延庆到赤城大海陀的桃源小镇，路径延伸可至张家口冬奥会体育村，形成北京至张家口文旅产业带。以桃源小镇为辐射中心，辐射大海陀近300平方公里的文化旅游产业聚集区，形成北京以北、张家口以南重要文旅产业节点。区位优势可概括为以下几点：

①距离京津地区近，市场广阔。

②借势张家口冬奥会，天时地利。

③地块面积为1 000亩，地形较为平坦，地域辽阔，建筑空间大，建设难度小。

④地形多样，自然、人文景观丰富。

⑤北京—延庆—张家口沿线旅游带健全，有辐射效应。

2. 政策支持

2016年下半年，特色小镇成为发展新风向，对特色小镇发展的各项扶持政策相继出台。2017年2月4日，国务院出台文件对特色小镇再次做出指示。住房城乡建设部、国家发展改革委、财政部发布《关于开展特色小镇培育工作的通知》指出，“到2020年，培育1 000个各具特色、富有活力的休闲旅游、商贸物流、现代制造、教育科技、传统文化、美丽宜居等方面的特色小镇，引领带动全国小城镇建设，不断提高建设水平和发展质量”。

3. 建设原则

坚持突出特色。从当地经济社会发展实际出发，发展特色产业，传承传统文化，注重生态环境保护，完善市政基础设施和公共服务设施，防止千镇一面。

坚持市场主导。尊重市场规律，充分发挥市场主体作用，政府重在搭建平台、提供服务，防止大包大揽。以产业发展为重点，依据产业发展方向确定建设规模，防止盲目造镇。

坚持深化改革。加大体制机制改革力度，创新发展理念，创新发展模式，创新规划建设管理，创新社会服务管理。推动传统产业改造升级，培育壮大新兴产业，打造创业创新新平台，发展新经济。

二、项目规划

拟在赤城大海陀打造富有特色的桃源小镇。

（一）小镇特色

1. 体现传统文化特色

桃源小镇无论是在建筑风格上，还是在理念呈现上，处处体现出中国传统文化的特色，淋漓尽致地将传统的建筑和文化融合在一起。

2. 融合现代元素特色

桃源小镇坚持中国文化和国际标准相结合，建筑外形采取传统中式建筑风格，居住区内部设备力求合乎现代人生活方式，达到现代人的理想生活标准。

3. 迎合人们的理想追求

每个人都对桃花源充满向往，每个人心中也都有一片属于自己的桃花源，桃源小镇将陶渊明心目中的桃花源复原，满足人们对理想田园世界的无限憧憬。

（二）项目定位

桃源小镇加入古代传统建筑设计元素，以传统中式风格营造静谧的桃源之城。除了中式风格的居住、旅游区外，还可依托该区域原有农业基础和丰富物产资源，开发建设躬耕学院及生态农场，使游客在旅游休闲时能够体验原始的耕作状态，同时农场可为游客提供绿色有机食品。配套的商业街和花海民宿为当地居民和旅客提供全面、便捷、舒适的高品质生活服务。

整体定位：吸收传统中华文化，按照国际标准，充分利用大海陀乡独特地理位置和资源优势，打造富有区域影响力的桃源小镇。

功能定位：打造集生态居住、旅游度假、休闲娱乐等多种功能于一体的复合型居住、旅游度假的特色桃源小镇。

（三）理念导向

桃源小镇的名字来源于陶渊明的《桃花源记》，整个小镇坐落于桃林之中，将打造一个“土地平旷，屋舍俨然，有良田美池桑竹之属”的小镇，成为属于21世纪现代人返古与追逐现代化生活的桃源秘境。桃源小镇倡导可持续发展理念，首倡生态成常态的开发模式，塑造乡镇开发新典范。打破经济开发与生态保护之间的悖论，在保护中开发，在开发中升级保护。因地制宜，东部“荒山”变“地景”，西部“森林”变“浴场”。将以前的耕地开发成躬耕学院及生态农场。

三、项目方案

（一）桃源主题文化休闲区

1. 旅客中心

游客中心是区域游客综合服务中心，提供游客休息、休闲、医疗等全方位配套服务。

2. 桃花坞主题商业区

小镇商业区以唐伯虎《桃花庵歌》“桃花坞里桃花庵”为意，取名桃花坞，规划建设菜场、超市、小型购物中心等基本生活配套设施，以及相应的咖啡吧、酒吧、精品艺术酒店等慢生活设施，为当地居民和游客提供全面、便捷、舒适的高品质生活服务。

3. 桃花坞商业文化街

文化是城镇的魂，是活力源泉。在桃源小镇的规划建设中，注重文化业态和商业业态的提升与融合，着力打造中式精品艺术工坊、中式画廊等文化群，让游人在娱乐中享受中式文化和商贸文化，在休闲中体验赤城独特风情。由生态物质游向生态文化游延伸，提升旅游产品的活力和内涵，延长文化产业链，并带动现代服务业的全面繁荣。

4. 桃花源主题文化酒店

桃花源主题文化酒店由国际会议中心和温泉酒店两部分组成，酒店配套理疗中心。

5. 躬耕学院、生态农场

躬耕学院为全方位的创意体验农场，开创国内农业体验行业的先河，崇尚天然、生态、循环的种养殖模式，倡导“亲近自然、乐享农耕”的经营理念。

6. 花海民宿

拟打造中国花海民宿第一村，大规模种植包括桃花在内的各种观赏花卉。“花海民宿”将包含休闲美食、特色购物、文化娱乐和运动养生等各种业态。

（二）桃花源主题文化公园

桃花源主题文化公园由桃花岛和桃源主题文化馆两部分组成。

1. 桃花岛

桃花岛是对陶渊明《桃花源记》景观的再现：忽逢桃花林，夹岸数百步，中无杂树，芳草鲜美，落英缤纷。渔人甚异之，复前行，欲穷其林。林尽水源，便得一山，山有小口，仿佛若有光。便舍船，从口入。初极狭，才通人。……

桃花岛展现出丰富的文化风情，表现出一种世外桃源的景象。

2. 桃源主题文化馆

桃源主题文化馆以展示桃源文化为主题，坐落于桃源主题文化公园内，环境优雅、韵味十足、设施完备，满足人们多样的文化需求。

（三）桃花源居住区

1. 房屋设计

桃花源居住区分为桃源村落区——中式独栋别墅；桃源雅筑区——中式二联排别墅；桃源精舍区——中式三联排别墅、中式四联排别墅；桃源公寓区——中式六层公寓。

2. 配套设施

桃花源居住区内的配套设施，旨在提高居民的生活质量，包括业主有机食堂、老年活动中心、儿童游乐场、图书馆等。

四、景观设计分析

1. 景观风格分析

将自然环境与人文景观相结合，突出自然与人文的协调性。

2. 中式景观节点构建

采取纯中式的建筑风格，展示古香古韵的院落景观特色。

3. 小型配套体育场设计

体育设施较为健全，为居民和游客提供良好的运动场地。

4. 桃树品种分析

选择适合张家口气候的桃树品种，根据桃树结果时间交叉种植，既能观赏又能采摘。备选品种包括西尾巨黄桃、金秋黄桃、永莲蜜桃、大果冬雪蜜桃、金秋红蜜桃、清香蜜桃、冬雪王桃等。

五、服务设施分析

服务设施包括出行租赁用自行车、停车场、自行车停车道、休息长凳、路标、公厕、观景台等。

六、建设愿景

以高端、生态、可持续发展的复合开发模式，打造国家级的旅游休闲度假区。

以泛旅游产业为理念，整合“生态、土地、文化、市场、区位”五大资源，力求打造居住中心、休闲集聚中心、可持续发展中心，构建一个融居住、休闲、度假、体验等多功能为一体的文旅产业综合区，从而实现点与点的功能性串联以及多元项目的整合配套开发。

根据市场需求，结合项目特性，利用丰富的山地、草场资源，设计涵盖酒店、小户型度假别墅、类别墅等丰富多样的居住及度假产品。并针对特定高端客户群，为其量身定制特有产品。

充分结合地域特点和资源优势，打造地域特色板块，如激情冒险者乐园、户外山地运动基地、房车营地等，吸引周边乃至全国户外运动爱好者。

根据开发需要，尊重自然现状，立足国家级的生态自然保护区，促进自然环境的改善和提升生态的丰富性。

七、总体规划

（一）中国首座国际地景艺术公园

地景艺术公园将荒地变为艺术朝圣地，为这片荒芜之地带来新鲜血液。

地景艺术公园设有地景艺术博物馆、艺术主题景观区、艺术家作品展示区、山地户外运动旅游区、零星级露营酒店、房车营地六大内容板块。

1. 地景艺术博物馆

地景艺术博物馆，呈现地景艺术的文化内涵，成为观光游览、教育欣赏的重要一站。

2. 艺术主题景观区

将地景艺术与民族文化、地域文化融合，展示独具特色的地景景观。

3. 艺术家作品展示区

展示国内外著名艺术家的地景艺术作品，在传播多元文化的同时，吸引地景艺术家参与，增加地域知名度。

4. 山地户外运动旅游区

建设冒险者乐园，开发滑翔、跳伞、远途、真人 CS 等极限运动，以挑战极限、突破自我的冒险精神吸引渴望在自然中释放自己的都市人群。

5. 零星级露营酒店

打造国内首家身处自然、以天为盖、以地为席的零星级露营酒店，不追求豪华奢侈，只为打造俯首大地、仰望星空式的旅居模式。

在露天酒店核心区域建设独居式露营空间，提供给游客旅程居住。大自然中的白色简格，仿佛天外之物，提供自然深处的一席阒静之地。

6. 房车营地

利用自然风光，搭建房车营地，作为集露营、娱乐为一体的休闲小型社区。房车本身也是一种休闲文化，搭配帐篷、可租借木屋、运动游乐设备等露营设施，满足外出旅行或长时间居住要求。

（二）国际特色小镇聚集区

国际特色小镇聚集区以“依达尼科城邦”为核心概念。“城邦”代表精神独立、自主选择、城镇中心，是精神独立、生态和谐、尊重个体的现代化理想生活居住综合区，是拥有“自主权”的大文化圈组成部分。在内部配套设施上，拥有与古罗马“城邦”相对应的功能分区，如教堂、节日大道、音乐厅、博物馆等，另建生态森林区作为城邦“后花园”，让“城邦”理念融入居住区的每个部分，追求“理想国”的崇高境界。

1. 依达尼科城邦

“城邦”指一个城市控制的区域，是大文化圈的一部分。“依达尼科”由希腊语音译而来，意为“理想国”。

依达尼科紧紧围绕“城邦”“理想国”的中心理念，构建欧式自由生活居住区。打造东方土地上人们追求自由、自主的理想圣地。

2. 底比斯音乐厅

古希腊神话中底比斯国王安菲翁用琴声的魔力修筑了底比斯城堡，底比斯成了圣洁音乐的象征。建设音乐厅，提高了居住区的艺术氛围和精神内涵。

3. 缪斯博物馆

公元前3世纪的“缪斯神庙”，被公认为是人类历史上最早的“博物馆”。博物馆一词，也由希腊文的“缪斯”演变而来，兴建缪斯博物馆，增添地区文化底蕴与吸引力。

4. 理想广场

“城邦”文化中蕴含着“独立自主”的理想主义生活理念，建设理想广场，为居住者提供自主选择的生活空间，成为“城邦”文化内涵的重要组成部分。

5. 创意集市

建设欧洲风情市集，提供便民服务；同时，充满地域特色的市集，为区域增添厚重的人文气息与“城邦”风情。

6. 狄俄尼索斯剧场

狄俄尼索斯是古希腊众神中主管戏剧之神。在古希腊时期，剧场是完全民主的，剧场的建立不仅为民众提供娱乐场所，还象征自由与平等。

7. 室内温泉水乐园

室内温泉水乐园，利用天然温泉资源，建造温泉休闲康体中心。

8. 儿童天然游乐园

在居住区“后花园”生态森林区域，建设零距离儿童自然游乐园，打造山林间的儿童游玩佳所，让孩子们在自然中释放天性、激发创造力。

9. 十里观光林带

建设一条贯穿生态森林的徒步观光十里林带，沿途可饱览林区景色，成为游客锻炼休闲、健康养生的绝佳去处。

10. 山林栖居别墅区

打造森林深处的一流别墅区、森林氧吧中的静心之所，吸引都市人群告别喧嚣生活，在此居住生活、度假休闲。

11. 山林木屋旅居度假驿站

建造山林木屋旅居度假驿站，提供给徒步观光、山林旅行的游客居住，让其在山中小憩，享受山中静好时光。

（三）中国特色小镇聚集地

中国特色小镇的特点是生态宜居、产城一体，重现中国传统建筑精髓。小镇是集休闲、观光、度假、娱乐为一体的综合现代中国特色小镇。

中国特色小镇聚集区，内设海陀桃源生态中式小镇与生态农业两大板块。生态农业旅游板块拟建于该片区南部，依托该区域原有农业基础和丰富物产资源，开发生态农业旅游和生态农业产业园区，努力实现第一产业链价值，并延长产业链，发展农业生态旅游，进一步实现第三产业链价值。拟建设生态农业小镇、花海民宿区、躬耕学院、马术运动中心、农产品物流园、创意农产园区、高新科技区、生态农场，以及特色野生产品产业园区等。

1. 海陀桃源生态农业小镇

“阡陌交通，鸡犬相闻”是中国人心中的完美生活环境。海陀桃源生态农业小镇致力让游客体验悠闲自得、无人惊扰的田园生活。海陀桃源生态农业小镇将中式建筑与现代主义建筑风格相融合，打造属于21世纪现代人返古与追逐现代化生活的桃源秘境。

2. 海陀桃源主题花海民宿区

海陀桃源主题花海民宿区的花海将大规模种植包括桃花在内的各种观赏花卉，花海民宿区将包含休闲美食、特色购物、文化娱乐和运动养生等各种业态。

3. 海陀桃源躬耕学院

海陀桃源躬耕学院为全方位的创意体验农场，开创国内农业体验行业的先河，崇尚天然、生态、循环的种养殖模式，倡导“亲近自然、乐享农耕”的经营理念。

4. 海陀桃源主题马术运动中心

海陀桃源主题马术运动中心以马术为主题平台，提供针对培训会员、马主会员、家庭会员的马术培训、马匹管理、马术赛事以及个人家庭休闲度假和聚会等相关服务，并以此获得知名声誉与经济效益等。

5. 海陀桃源国际农产品物流园

专业化程度较高的农产品物流园是农产品地域性分销和配送中心，其功能包含农产品的储存、流通、交易、加工和配送等，将农产品的生产端和消费端联系起来，缩短运输时间，确保食品安全，增加产品附加值，达到农产品供应链优化的目的。农产品物流园把农业、农村、农民与城市、工商业、城市居民紧密联系在一起，在一定程度上切实解决农产品流通效率方面遇到的瓶颈问题。① 而海陀桃源国际农产品物流园的功能除了地域性的分销外，还延伸了国际市场服务功能。

6. 海陀桃源智能创意农产园区

海陀桃源智能创意农产园区集现代农业示范、农产品加工、都市农业生产、国际交流和研发等多功能于一体，将科技、智能与创意应用于农业。

① 赵艳，李夏培. 农产品物流园服务模式创新 [J]. 物流技术，2017 (04)：26-29.

7. 海陀国际产业高新科技区

海陀国际产业高新科技区以海陀国际企业墅为中心，建设国际高新科技区，园区自然环境与建筑交相辉映，园区体现智慧产业聚合效应，在彰显企业形象的同时又能有效降低运营成本。

8. 桃源主题生态农场

桃源主题生态农场依据当地资源环境，最大限度保护农业发展，在此之上建立世外桃源般的农庄，让生态与生活融为一体。

9. 特色野生产品产业园区

特色野生产品产业园区包括特色野生产品生产基地、产品加工产业区、产业园区观光园、产业基地采摘园四大区，向世界打开海陀美食印象大门，并拉动生态农业经济增长。

（四）中国首家国际森林浴场

中国首家国际森林浴场的特点是：原始生态绝佳氧吧，观赏森林景观沐浴健康；充分利用原始生态森林资源，塑造华北第一健康生态森林浴场。

规划的森林浴场位于大海陀乡西部，由于其人口、交通、经济发展现状等因素的限制，被规划为生态涵养片区，包括生态山林涵养区、生态水资源涵养区、生态农业及畜牧业涵养区、原生态村落涵养区。涵养区可保护大海陀乡原有生态，保护森林资源、水资源，合理发展农业、畜牧业，在发展经济的同时维持水土，贯彻可持续发展理念。

1. 生态山林涵养区

山林是地球的重要防线，建立生态山林涵养区，保护原始山林生态系统，保持水土，完善生态屏障体系，同时服务于区域可持续发展。

2. 生态水资源涵养区

生态水资源涵养区，加强水资源生态建设，以保护区域内各种河流、水库、湖泊、湿地等水源及流域，防止水土流失，提高水利用率。

3. 生态农业、畜牧业涵养区

建立生态农业、畜牧业涵养区，保护野生动植物，合理放牧，形成全面的生态资源安全保障体系。

4. 原生态村落涵养区

建立原生态村落涵养区，对原有古村落进行保护性开发，基本保持古村落原有生态环境和历史文化，体现人与自然和谐共存的发展理念。

后　记

本书为作者 2018 年承担的河北省社会科学基金项目成果，项目编号：HB18XW005。

2009 年，河北大学文化创意产业研究中心成立，或许源于自身的经历，或许源于自身的性格，我的治学范式与皓首穷经于书房的多数教授不同，我的时间都用在了田野调查上，到穷乡僻壤、田间地头，将自身所学与实践相结合。我研究的其中一个重要方向就是用文化创意助力燕山—太行山集中连片特困区的精准扶贫。10 年来，我带领中心的科研团队几乎走遍了河北省燕山—太行山集中连片特困区的所有贫困乡村，本着一所大学的文化担当，用文化创意直接使 20 多个乡村摆脱了贫困。我的团队于 2016 年被河北省评为"李保国式科技服务团队"，当地百姓则给团队起了一个别样的称号——文化财神。

10 年间，我带领中心科研团队坚持不懈努力实干，不断将理论与实践结合探索，总结出"旅游扶贫""电商扶贫""文化扶贫"等典型文化产业与精准扶贫融合发展的模式，倡导将文化产业发展与精准扶贫有机融合。在中心成立的第十个年头，我们又获批了河北省社科基金项目"河北太行山集中连片特困区乡村文化兴盛的路径研究"，项目的批准促使我带领中心的科研团队将 10 年的理论探索与实践经验进行了总结和提炼，形成本书。希望本书的出版能够为中心 10 年来在燕山—太行山集中连片特困区的精准扶贫工作做一个总结。本书作为项目研究成果的同时，也希望能为后续燕山—太行山集中连片特困区乡村文化兴盛的路径研究带来一些启示和借鉴。

在本书写作过程中，第二作者宋伟龙老师和第三作者商建辉老师从资料搜集、框架设计到文稿校对，做了大量细致的工作。宋伟龙老师是河北大学新闻传播学院的优秀青年教师，也是我们文化创意产业研究中心的骨干。近年来，他在文化创意产业领域的研究与实践取得了一些成果。例如，他在2017年4月撰写的研究报告《文化产业在雄安新区发展规划中的策略与建议》，被教育部采纳并报送有关领导参阅。商建辉老师现任河北大学新闻传播学院教授、博士生导师，曾主持国家社科基金、河北省社科基金等课题，在文化产业等研究领域有一定造诣及独到见解。通过参与本书的写作，也进一步促进了他们的成长。希望在未来的文化创意产业领域的研究和实践中他们能够快速成长、不断进步，取得更多的成就。同时，还要感谢在本书写作过程中为资料搜集、整理付出大量劳动的新闻传播学院的研究生同学们，他们是冯泽琴、王丹静、田晓迪、孙冠军、贾文文、郑钦方、杨誉芳、王保超、安晓梦、郭小敏、王紫叶。

本书写作过程中借鉴参考了国内外大量学者的相关研究成果，在此一并致谢。由于研究选题本身的复杂性以及本书作者自身的局限，书中难免会有错漏之处，敬请专家学者和广大读者批评指正。

杜　浩

2020年10月10日